HEYNE FILMBIBLIOTHEK

W0066040

BURT N. SILVA

Arnold Schwarzenegger

Eine Erfolgsstory

Originalausgabe

WILHELM HEYNE VERLAG

MÜNCHEN

HEYNE FILMBIBLIOTHEK
32/158

Herausgeber: Bernhard Matt

3., aktualisierte Auflage

Copyright © 1991 by Wilhelm Heyne Verlag GmbH & Co. KG, München
Printed in Germany 1993
Umschlagfoto: inter Topics, Hamburg
Rückseitenfoto: Interfoto, München
Innenfotos: Bildarchiv Engelmeier, München; Interfoto, München; Süddeutscher
Verlag, Bilderdienst, München; Deutsche Presse-Agentur, München; Keystone
Pressedienst, Hamburg; Pandis Media GmbH, München; inter Topics, Hamburg;
Deutsches Institut für Filmkunde, Frankfurt; Archiv Dr. Karkosch, Gilching; Stiftung
Deutsche Kinemathek, Berlin; Archiv Norbert Stresau, München; Archiv Lothar Just,
München
Umschlaggestaltung: Atelier Ingrid Schütz, München
Herstellung: H + G Lidl, München
Satz: Satz & Repro Grieb, München
Druck und Bindung: Ebner Ulm

ISBN 3-453-04934-9

Inhalt

Einleitung

»Frage: Wer ist der größere Filmstar? Schwarzenegger oder
Olivier? Darauf gibt's nur eine Antwort: Arnold. Denken Sie
dran: Das Schlüsselwort der Frage ließ Star.
Nächste Frage: Wer ist der bessere Filmschauspieler?
Schwarzenegger oder Olivier? Nachdem wir einen der populär-
sten Stars der Achtziger mit dem Schauspieler des Jahrhunderts
vergleichen, dürfte die Entscheidung wohl einstimmig auf Olivier
fallen. Aber seien Sie nicht so sicher: Stimmt schon,
ich habe nicht die geringste Lust, Schwarzenegger als Hamlet zu
sehen. Aber ich hätte ebenso wenig Interesse an Olivier
als Terminator . . .«

William Goldman: Hype and Glory

Ein Uhr morgens im Juli 1991. Über einen Knotenrechner in
Frankfurt fluten die neuesten amerikanischen Kinonachrichten
aus dem Modem. Das Wochenende ist gelaufen, und so konzen-
trieren sich die News vor allem auf die Einspielzahlen. »Tri-Star's
release of Carolco's *Terminator 2: Judgment Day* continued to do
phenomenal business at the box office«, heißt es in der Headline.
11,7 Millionen Dollar habe der mit 2274 Kopien gestartete Film
allein an seinem Premierentag eingespielt, für das gesamte Wochenende würden sich die Schätzungen auf etwa 50 Millionen
Dollar belaufen. Arnold Schwarzenegger hat gewonnen, wieder
einmal.
Auf den ersten Blick liest sich die Geschichte wie ein Märchen: der
österreichische Polizistensohn aus dem kleinen Dörfchen Thal,
der es mit etwas Glück und einer außerordentlichen Portion
Ehrgeiz zum *box-office draw* Nummer Eins, zum angeheirateten
Mitglied eines Präsidenten-Clans und zum engen Freund von
Ronald Reagan und George Bush gebracht hat. Solche Karrieren
erfordern natürlich genauere Erklärungen, kleine Do-It-Yourself-
Anweisungen für den persönlichen Gebrauch. Arnold selbst hat
den Markt reichlich damit bedient: Seine Leitfäden für ein glückli-
cheres Leben sind allesamt im Heyne-Verlag auf Deutsch erschienen, und ihr Zauberwort heißt schlicht und einfach *Bodybuilding*.
Nichts ist einfacher, als Arnold Schwarzenegger auf seinen Kör-

Bodybuilding als Mittel zum Aufstieg in höchste Gesellschaftsschichten (›Raw Deal‹).

perbau zu reduzieren. Ihm selbst ist dieses Typecasting gar nicht mal so unangenehm, ja, er provoziert es geradezu. Ein Interviewer, der Arnold über die Folgen seiner Filme auf die beeindruckbare Jugend befragt, wird wenig mehr erhalten als einen billigen Gemeinplatz: »Dinge auf der Leinwand machen einen Menschen nicht zum Killer, wenn er nicht schon von vornherein eine Macke hat«[1] Fragen nach seinen außerfilmischen Beschäftigungen gar, seinen Immobilien- und Vermögensanlagen, blockt er radikal ab, nur, um um so rascher auf die Vorzüge eines regelmäßigen Körpertrainings einzugehen. Gerade die Interviews im *Playboy* und dem *Spiegel* sind in diesem Punkte sehr bezeichnend: Eine Hälfte dieser »Gespräche« konzentriert sich auf Gesundheit und Muskeln, die andere widmet sich der wahrlich brennenden Frage, ob der Muskelmann denn tatsächlich schon einmal die Windeln seiner Tochter gewechselt habe.

Es hat Versuche gegeben, dieses Bild des gutgebauten Erfolgsmenschen zu relativieren. In seinem Pamphlet *Kino, wie es keiner mag* stempelt Rolf Giesen den damaligen Conan kurzerhand zu einem studierten Idioten, der lieber die Angestellten des Filmverleihs betatscht als sich die geschichtlichen Ausführungen des guten Onkel Doktors über den Luftangriff auf Hamburg anzuhören. Wendy Leighs unautorisierte Biographie *Arnold* wiederum listet auf 320 Seiten so ziemlich jedes Gericht auf, das der Star im Laufe seines Lebens zu sich genommen hat, und versucht irgendwo dazwischen, die »Wahrheit« über Schwarzeneggers manipulatives Talent aufzudecken. Stillschweigend akzeptiert jedoch auch sie die Grundthese: Arnold Schwarzenegger *ist* sein Körper. Was dabei regelmäßig zu kurz kommt, sind die Filme selbst, und

Mit ungeliebten Genres großgeworden (›Commando‹).

Der mimische Minimalist (›The Running Man‹).

das hat durchaus seine Gründe. Zum einen betätigt sich Arnold Schwarzenegger vor allem in jenem Genre, das beim Feuilleton in schöner Regelmäßigkeit einen ausgeprägten Igitt-Reflex auslöst: dem harten Actionfilm. Jener ist, wie jeder gute Deutsche weiß, ganz schrecklich gewaltverherrlichend und menschenverachtend, weshalb man ihn am liebsten gleich verbieten sollte. (Und nun legen Sie dieses Buch bitte wieder beiseite, Herr Studienrat. Glauben Sie mir, es ist *nichts* für Sie).

Zum zweiten ist Arnold Schwarzenegger alles andere als ein flexibler Schauspieler, auch und vor allem dann, wenn er einmal den Ausbruch aus dem selbstgewählten Refugium des Action-films versucht. »Beim ersten Zusammentreffen mit dieser Frau«, lächelt etwa Harald Martenstein im *Tagesspiegel* auf seine entspre-chenden Bemühungen in der Komödie *Twins* herab, »läßt Schwar-zenegger beinahe unmerklich den Kapuzenmuskel zucken, den großen Schulterdelta reißt es nach vorn, für den zweiköpfigen Unterschenkelbeuger aber scheint sekundenlang die Zeit stillzu-stehen. Der lange Speichenstrecker möchte die ganze Welt umar-men. Das muß Liebe sein.«

So verraten die Filme erst beim zweiten Hinsehen die exakte, bisweilen geradezu unheimlich akkurate Image-Planung hinter ihnen. Wo Sylvester Stallone, Arnolds einziger ernsthafter Kon-kurrent im Körperhelden-Rennen, in schöner Regelmäßigkeit dem aktuellen Trend hinterherhinkt, sei es nun mit dem Kriegs-film *Rambo III*, dem Buddy-Picture *Tango & Cash* oder der völlig mißratenen Komödie *Oscar*, bleibt Arnold in seinen Filmen regelmäßig auf der Höhe der Zeit.

Überhaupt die Filme: Sie sind durchweg intelligenter, als man beim ersten Ansehen vermutet.

Das mag eine gewagte Behauptung sein, und wer nichts weiter sehen will als die vertrauten Actionbilder, der wird mit *Total Recall* oder *Predator* fraglos exzellent bedient. Hinter den Bildern freilich steckt immer noch ein bißchen mehr – im Falle von McTiernan eine nicht unintelligente Auseinandersetzung mit Vietnam, im Falle von Verhoeven nicht weniger als die Frage nach der Wirk-lichkeit an sich. Verdrängen wir also, wenigstens für den Zeitraum eines Buches, die Windeln von Katherine Schwarzenegger und die Vorzüge eines regelmäßigen Muskeltrainings aus unserem Blick-feld. Es ist an der Zeit für einen Blick auf die Filmkarriere Arnold Schwarzeneggers ...

Auf Reg Parks Spuren

»Als Junge habe ich die siegreichen Athleten vergöttert. Aber es ist eine Sache, Helden zu vergöttern. Es ist eine ganz andere, sich selbst an ihrer Stelle zu sehen. Immer, wenn ich große Menschen sah, sagte ich mir: ›Das kannst du auch‹.«

Arnold Schwarzenegger

Flashback auf einen Abend im Mai 1962. Noch liegt die Krise des Kinos weit in der Zukunft, noch steht der Besuch des »Lichtspielhauses« recht weit oben in der Gunst der Jugend. Es sind bessere Zeiten, und so ist auch das Gaidorf im österreichischen Graz gut besucht. Die Geschichte, die an diesem Abend über die Leinwand flimmert, unterscheidet sich indes recht deutlich von den üblichen Komödien und Wallace-Verfilmungen, die 1962 den großen Reibach machen werden. Nicht Freddy oder Doris Day sind es, die das Publikum ins Kino gelockt haben; das Versprechen ist ein anderes. Heute wird es um die Legende eines alten griechischen Helden gehen, der seine Geliebte aus dem Banne eines bösen Vampirs befreien muß. Steinerne Monster lauern in den Aushangfotos, lebende Bäume und blubbernde Lavasümpfe: das Ganze könnte kaum trivialer sein, aber darin liegt bekanntlich ein ganz besonderer Reiz. Es wird noch gute zwanzig Jahre dauern, bis die Filmkritik *Ercole al centro della terra* (Vampire gegen Herakles) ernst nehmen und dem Regisseur Mario Bava für seine geschickte Farbdramaturgie und sein wollüstiges Spiel mit dem Artifiziellen quasi rückwirkend ein Achtbarkeitszertifikat ausstellen wird.

Nichts steht dem Jungen im Parkett, der die Geschehnisse auf der Leinwand förmlich in sich aufsaugt, jedoch ferner als ein schlechtes Gewissen ob seines vordergründig »schlechten« Geschmacks. Er ist gekommen, um Reg Park zu sehen, den Darsteller des Herakles, den er derzeit zu seinem Idol Nummer Eins erkoren hat. Und während sich der ehemalige Bodybuilder auf der Leinwand mit sanfter Ironie der zahllosen Monster erwehrt, reift in dem Jungen ein Gedanke heran. »Reg Park sah in der Rolle des Herkules so hervorragend aus«, wird er diese Initialzündung Jahre später in seiner Autobiographie *Karriere eines Bodybuilders* beschreiben, »daß ich fasziniert war. Und als ich da im Kino saß, wußte ich, daß ich eines Tages auch so sein würde.«[2]

Es war der alte Traum, doch für den damals vierzehnjährigen Arnold Schwarzenegger besaß er eine ganz spezielle Dringlichkeit. Die Chance zum Ausbruch aus der kleinen Welt des Dorfes Thal lauerte in diesem Traum, der Ehrgeiz auch, dem Vater seine Fähigkeiten zu beweisen – jenem Vater, der zeit seiner Kindheit dem älteren Bruder den Vorzug gegeben hatte und der den hochfliegenden Plänen seines jüngsten Sprosses mit gebührender Skepsis gegenüberstand.

Eine Zukunft als Bodybuilder, als Vertreter einer Sportart, von der in Österreich bis dato noch die wenigsten gehört hatten, war nicht das, was Gustav Schwarzenegger für seinen Sohn vorschwebte. Eher dachte er da schon an eine solide Karriere wie die seine: Gustav hatte für kurze Zeit in den Wiener Schmidt-Stahlwerken gearbeitet, bevor er sich dem österreichischen Bundesheer angeschlossen hatte. Den Krieg selbst hatte er als Feldjäger in Belgien verbracht, anschließend war er zur Polizei gewechselt und ins steirische Mürzsteg versetzt worden. Dort hatte er auch die verwitwete Aurelia Jadrny getroffen, mit der er am 20. Oktober 1945 den Bund der Ehe eingegangen war. Schließlich war man – Gustav war zum Oberinspektor der Gendarmerie befördert worden – in die kleine, etwa zwölf Kilometer außerhalb von Graz gelegene Gemeinde Thal gezogen; knapp ein Jahr darauf, am 17. Juli 1946, stellte sich der erste Nachwuchs ein – ein Sohn, den Gustav und Aurelia auf den Namen Meinhard tauften. Wiederum ein Jahr später, am 30. Juli 1947, erblickte Gustavs zweiter Sohn Arnold das Licht der Welt. Mittlerweile lebten die Schwarzeneggers in einem dreihundert Jahre alten Haus, das per königlichem Dekret dem Gendamerieoberinspektor und dem Förster des Ortes vorbehalten war. Eine Heizung gab es nicht, frisches Wasser mußte aus dem Brunnen besorgt werden, auch das Essen fiel nicht immer reichlich aus. »In ganz Österreich gab es nichts zu essen«, erinnert sich Arnold an seine frühen Jahre. »Meine Mutter mußte von einem Bauernhaus zum nächsten ziehen, bis sie genügend Lebensmittel und Zucker beisammen hatte. Meine Eltern gaben mir Obdach und Liebe, aber sonst nichts. Es gab keinen Fernseher, kein Telefon, nicht einmal ein Badezimmer im heutigen Sinn.«[3]

Um so unwiderstehlicher mußte das Versprechen des unbezwingbaren Reg Park erscheinen, zumal Arnold auch in anderer Hinsicht in das klischeehafte Schema paßte, das sich die Psychologen für derlei extreme Identifikationen ausgedacht hatten: In seinen jungen Jahren war der spätere Mr. Universum ein eher kränkliches Kind gewesen. Es gab keinen Arzt in Thal, und so mußte sich Gustav den weinenden Sohn des öfteren mitten in der Nacht auf die Schulter laden und mit ihm nach Graz marschieren. Der Gegensatz zum selten kranken Meinhard war offensichtlich, und so ist es vielleicht nicht zu erstaunlich, daß die Eltern nach und nach dem älteren Bruder den Vorzug gaben und Arnold lieber zu seinem Onkel Alois nach Mürzzuschlag schickten. Zudem war

›Ercole al centro della terra‹ – Reg Parks Kampf gegen den bösen Vampir war die Initialzündung für den jungen Arnold.

Gustav dem Alkohol nicht gerade abgeneigt, und so kam es immer wieder zu unschönen Szenen im Hause Schwarzenegger, die einen bleibenden Eindruck bei Arnold hinterließen.

Gustav – ein Perfektionist, wie er im Buche stand – regierte die Familie mit eiserner Hand. Für Arnold und Meinhard begann der Tag um sechs Uhr in der Frühe mit dem Milchholen, sonntags ging man gemeinsam in die Kirche, besuchte die Grazer Museen oder sah dem Vater bei seinen Auftritten mit dem Polizeiorchester zu. Tags darauf mußten die beiden Brüder dann einen mindestens zehn Seiten langen Aufsatz abliefern, der vom Vater streng korrigiert wurde. »Mit dem Rotstift hat er förmlich gewütet. ›Der Satz ist nicht wahr, wir sind gar nicht dort gewesen. Das Ausstellungsstück haben wir auch nicht gesehen. Da ist ein Rechtschreibfehler, schreib das Wort fünfzig Mal.‹«[4]

15

Bei seinem Eintritt in die Hans Groß-Schule war Arnold ein eher schüchterner, schmächtiger Junge mit dicker Brille und Segelohren, das genaue Gegenstück seines Bruders. Falls er sich deshalb unterlegen fühlte, verstärkte sein Vater das Gefühl nur noch. Gustav liebte es, seine beiden Söhne gegeneinander auszuspielen; er ließ Arnold und Meinhard miteinander boxen und um die Wette skilaufen und prämiierte anschließend recht pompös den jeweiligen Gewinner. Zwar gewann Arnold die Wettkämpfe des öfteren; da Meinhard jedoch das Lieblingskind seines Vaters war, so dachte er zumindest, hatte er stets das Gefühl, sich mehr anstrengen zu müssen als der ältere Bruder.

Bald hinterließ die autoritäre Erziehung ihre Spuren. Arnold und Meinhard entwickelten sich zum Schrecken des Dorfes, zumal ihr Vater die Umtriebe der beiden deckte, so gut er es als Chef der Gendarmerie vermochte. Doch auch sein Einfluß hatte Grenzen: Als Meinhard an die Marschall-Schule versetzt wurde und sich dort schnell als Klassenrowdy erwies, wurde er schließlich aus erzieherischen Gründen der Schule verwiesen und in eine Besserungsanstalt verfrachtet. Arnold, mittlerweile an der Fröbel-Schule in Graz, blieb ein ähnliches Schicksal erspart.

Mittlerweile hatte sich sein gesundheitlicher Zustand erheblich gebessert. Arnold war in die Höhe geschossen und hatte kräftig Muskeln angesetzt. Nicht zuletzt, um seinem Vater, der immerhin Champion im Eisstockschießen gewesen war, zu beweisen, daß er seinem älteren Bruder jederzeit das Wasser reichen konnte, verschrieb sich Arnold voll und ganz dem Sport. Er schloß sich dem Grazer Athletik-Club an und spielte in der örtlichen Fußballmannschaft auf der Flügelposition. Bald begannen ihn die Teamsportarten jedoch zu langweilen: »Ich mochte es nicht, wenn ich nach einem gewonnenen Spiel nicht persönlich für meine Leistung gelobt wurde. So beschloß ich also, es mit Einzelsportarten zu versuchen. Ich fing an zu laufen, zu schwimmen und zu boxen; ich bestritt Wettkämpfe im Speerwerfen und Kugelstoßen. Doch trotz guter Leistungen hatte ich das Gefühl, daß das alles nicht das richtige für mich war.«[5] So flüchtete er sich mehr und mehr in die Versprechungen der Comic- und Kinohelden, die in Reg Park schließlich konkrete Gestalt annahmen.

Spätestens an diesem Punkt trennt sich Arnolds Biographie jedoch von der der meisten anderen Fans. Immens ehrgeizig und äußerst willensstark, war Arnold nicht der Typ, der es bei bloßen Phanta-

*Fünf Jahre bis zum Mr. Universum – Als Arnold 1970 in seinem ersten Film
›Hercules in New York‹ auftrat, hatte er den Profititel bereits dreimal
gewonnen.*

sien beließ. Gerade dreizehn Jahre alt geworden, suchte er in der
Folge aktiv nach Möglichkeiten, dem Dorfleben zu entrinnen, und
der erste Schritt war natürlich Graz – genauer gesagt: die 1958
gegründete Athletik-Union des ehemaligen Mr. Austria, Kurt
Marnul. Als er schließlich herausfand, daß der örtliche Bademei-
ster mit Marnul befreundet war, belagerte Arnold ihn nach Kräften. An einem Sonntagnachmittag im Jahre 1962 schlug dann die
große Stunde: Marnul entschied sich zu einem Bad im Thalersee

und machte die Bekanntschaft der Gebrüder Schwarzenegger. Die absolute Zielstrebigkeit des jungen Arnold, der mittlerweile die stattliche Größe von 1,85 Meter erreicht hatte, beeindruckte ihn; nach einem längeren Gespräch lud er die beiden Brüder ein, bei ihm zu trainieren.

Als Marnul am nächsten Montag ins Liebenauer-Stadion kam, wartete Arnold bereits auf der Türschwelle. Das Trainingscenter selbst war vergleichsweise primitiv: Das Loch im Dach mußte mit Zeitungen gestopft werden, die Geräte waren spärlich gesät, eine Heizung gab es nicht. Auch die anderen Bodybuilder betrachteten den Neuankömmling zunächst recht mißtrauisch, zumal Arnold mit seinen großen Zielen nicht hinter dem Berg hielt. »Nun«, meinte er, nachdem er einen Blick in die Runde geworfen hatte. »Ich gebe mir fünf Jahre, dann bin ich Mr. Universum.«[6] Worauf ihn die anderen Bodybuilder ohne Umschweife als Großmaul abstempelten.

Sehr schnell sahen sie sich jedoch gezwungen, ihre Meinung zu revidieren. Arnold trainierte hart, sehr hart: Jeden Nachmittag um fünf, wenn die Schule vorüber war und das Trainingscenter seine Pforten öffnete, stand Arnold bereits vor der Türe. Abends, wenn er die Wahl hatte, den letzten Bus zu erwischen oder weiter zu trainieren und den Weg nach Thal zu Fuß zurückzulegen, entschied er sich im Regelfall für sein Training. Und wo die anderen Bodybuilder ihrer Ernährung keine besondere Aufmerksamkeit schenkten, hielt sich Arnold strikt an die von Marnul verordnete Diät.

Bald wurden auch andere auf den Jungen aufmerksam, der da so heftig trainierte – darunter der Kommunalpolitiker Alfred Gerstl, der Arnold schließlich anbot, in seinem Appartement in Graz zu trainieren, wenn Marnuls Center geschlossen war. Arnold freundete sich rasch mit Gerstl an, dessen Sohn in seinem Alter war und in dem er wohl so etwas wie einen Ersatzvater sah.

Mehr und mehr entzogen sich die beiden Brüder in der Folge dem Einfluß ihres Vaters, der mittlerweile aus disziplinären Gründen von Thal nach Raaba versetzt worden war. Meinhard ging ohne Gustavs Erlaubnis von der Schule ab und schloß sich einer Elektronikfirma an, Arnold teilte seine Zeit zwischen dem Training, den Besuchen bei Gerstl, den weiteren Kinoabenteuern Reg Parks und noch mehr Training auf. Mit fünfzehn Jahren nahm er schließlich eine Lehrlingsstelle bei einer Baumaterialfirma in Graz an, sein Monatslohn – zunächst noch 250 Schilling – kletterte im dritten Lehrjahr auf 1000 Schillinge. Doch die Arbeit diente lediglich dem Broterwerb, sein eigentliches Leben fand in Marnuls Center statt. Wenig später trat Arnold dank der Unterstützung Gerstls schließlich im Steirerhof zu seinem ersten Bodybuilding-Wettbewerb an. Zwar landete er lediglich auf dem zweiten Platz, doch sein Gefühl, daß im Bodybuilding seine Zukunft liegen würde, verstärkte sich nur noch.

Immer deutlicher zeichnete sich jedoch ab, daß Graz auf seinem Weg lediglich eine Zwischenstation bleiben durfte, wollte er sein hochgestecktes Ziel erreichen; der nächste logische Schritt mußte nach Deutschland führen. Mit inzwischen vertrauter Zielstrebigkeit unternahm Arnold in der Folge erste Vorstöße in diese Richtung und begann eine Korrespondenz mit Benno Dahmen und seinem Partner Peter Faschig, den Herausgebern eines deutschen Fachmagazins für Bodybuilder. Bevor die Briefe jedoch erste Früchte trugen, meldete sich das Militär: Am 1. Oktober 1965 sollte Arnold zum einjährigen Wehrdienst im österreichischen Bundesheer einrücken.

Die Zeit in der Armee gefiel Arnold durchaus. Zum einen hatte sein Vater seinen Einfluß geltend gemacht und durchgesetzt, daß der Sohn in der Nähe von Graz stationiert wurde. Und mehr noch: Gustav hatte es geschafft, daß das Militär in Arnolds Fall eine Ausnahme machte und das Mindestalter für Panzerfahrer von 21 Jahren auf 18 herabsetzte. »Ich... fand es herrlich, diese großen Maschinen zu fahren und den starken Rückstoß beim Abfeuern der Kanonen zu spüren. Es war eine Demonstration von Kraft und Stärke, und solche Dinge hatten mich von jeher beeindruckt. Nachmittags mußten wir die Panzer immer reinigen und ölen, doch nach ein paar Tagen wurde ich von dieser Pflicht entbunden. Auf Befehl von oben sollte ich statt dessen trainieren, meinen Körper entwickeln. Einen schöneren Befehl hätte ich gar nicht bekommen können.«[7]

Sein eigentliches Ziel aus den Augen zu verlieren, kam für Arnold freilich nicht in Frage. Noch während seiner Grundausbildung trudelte ein Schreiben von Benno Dahmen ein, der ihn zum Mr. Europa-Juniorenwettbewerb am 30. Oktober in Stuttgart einlud. Ohne auch nur einen Gedanken an die Konsequenzen zu verschwenden, schrieb Arnold prompt zurück und gestand Dahmen, daß er gerne kommen würde, sich aber die Fahrkarte nach

Stuttgart nicht leisten konnte. Dahmen witterte eine Publicity-Chance und übersandte dem frischgebackenen Soldaten das Geld fürs Zugticket. Arnold setzte alles auf eine Karte, beging Fahnenflucht, fuhr nach Stuttgart und gewann. Die Quittung folgte auf dem Fuße: sieben Tage Einzelhaft. Nachdem dem Militärgesetz damit fürs erste Genüge getan war, wurden seine Vorgesetzten für den Rest seiner Dienstzeit freilich niemals müde, den siegreichen Soldaten als leuchtendes Vorbild für den Rest der Truppe herauszustellen. Arnolds Eltern dagegen zeigten sich weniger beeindruckt. Zwar hatte es sich Aurelia nicht nehmen lassen, mit dem Stuttgarter Pokal von Haus zu Haus zu eilen und jedermann in Thal zu verkünden, daß *ihr* Sohn gerade *das* gewonnen habe. Insgeheim hegte man jedoch noch immer Zweifel, obschon Arnold im März 1966 seinen zweiten Titel gewann, den des »Mr. Europa«. Am Ende seines Wehrdienstes stand für ihn dann endgültig fest, daß er nach München umziehen würde.

Die Gelegenheit dazu hatte sich während der Meisterschaft in Stuttgart ergeben. Neben dem italienischen Bodybuilder Franco Columbu, mit dem er sich in Folge sehr rasch anfreundete, war Arnold den beiden Deutschen Albert Busek und Rolf Putziger begegnet, die seinerzeit zu den einflußreichsten Männern der Branche zählten. Putziger besaß ein gutgehendes Sportstudio in München und betätigte sich zudem als Herausgeber diverser Fachzeitschriften. Man kam ins Gespräch, am Ende luden die beiden den aufstrebenden Jungstar nach München ein.

Am 1. August 1966 folgte Arnold der Einladung schließlich und nahm sein Training in Putzigers Studio in der Schillerstraße wieder auf. Da er noch keine eigene Wohnung gefunden hatte, verbrachte er die ersten Nächte im Studio; kurz darauf zog Arnold in ein kleines Appartement um, das er sich zusammen mit Helmut Riedmeier teilte, einem professionellen Bodybuilder, der sich bereits die Titel »Mr. Deutschland«, »Mr. Europa« und »Mr. Universum« erkämpft hatte. Seine offizielle Berufsbezeichnung bei Putziger lautete »Manager und Trainer«, dennoch blieb er zunächst wenig mehr als ein Mädchen für Alles. Doch die Publicity-Maschine Putzigers hatte bereits zu laufen begonnen: Immer häufiger erschien in seinen Zeitschriften in der Folge Porträts des jungen österreichischen Bodybuilders, dieser künftigen Zierde seines Sports, die täglich selten weniger als sieben Stunden trainierte.

Wieder zahlte sich der enorme Ehrgeiz aus. Kaum zwei Monate nach seinem Umzug hatte Arnold seinen Chef dazu überreden können, ihn für die »Mr. Universum«-Meisterschaft der Amateure in London anzumelden. Da der Lohn bei Putziger eher spärlich ausfiel, hatten sich seine Freunde zusammengetan und ihm das Ticket nach London bezahlt. Zusammen mit Riedmeier, der als Übersetzer einsprang, wenn der des Englischen nicht mächtige Arnold einmal Probleme mit den Briten hatte, nahm man im Royal Hotel ein Zimmer. Auf der Bühne des Victoria Palace fühlte sich Arnold dann einmal mehr bestätigt. Zwar mußte er den Titel an den Amerikaner Chet Yorton abtreten, doch die Zuschauerreaktionen ließen keinen Zweifel daran, wer der eigentliche Star des Abends gewesen war: Nicht weniger als zwei Vorhänge und stehenden Applaus gab es für die Neuentdeckung aus Deutschland. Anschließend gestand ihm dann einer der Preisrichter, Wag Bennett, daß der eigentliche Sieger nach seiner Meinung Arnold Schwarzenegger hätte heißen sollen. Geschmeichelt nahm jener daraufhin die Einladung Bennetts an, doch noch einige Tage mit seiner Familie in England zu verbringen.

Nicht ohne Hintergedanken freilich, hatte Bennett doch einmal mit Reg Park trainiert. Als Arnold seinem Gastgeber daher Nacht für Nacht von seinem großen Idol vorschwärmte, beschloß dieser, ihm den kleinen Gefallen zu tun: Er lud den mittlerweile in Südafrika lebenden Park zu einer Exhibition nach Stratford ein und machte die beiden miteinander bekannt.

Für Arnold ging ein Traum in Erfüllung, zumal sich Park äußerst beeindruckt von den Körpermaßen des Zwanzigjährigen zeigte und diesem ein Angebot machte, das er nicht abschlagen konnte: Sobald Arnold den »Mr. Universum«-Titel gewinnen würde, versprach er ihm an diesem Tag, würde er ihn zu sich nach Südafrika einladen.

Arnold nahm die Herausforderung nur zu gerne an. Auch Bennett merkte schnell, welch hochfliegende Pläne sein Gast in Wahrheit hatte: »Aus Gewohnheit fragte ich jeden Bodybuilder, wie denn seine Pläne für die Zukunft aussahen. Die meisten antworteten, daß sie Mr. England oder Mr. Universum werden wollten. Das war das ganze Ausmaß ihrer Ambitionen. Nicht so Arnold. Als ich ihm die Frage stellte, meinte er: ›Ich will der größte Bodybuilder der Welt werden, der größte Bodybuilder aller Zeiten und der reichste Bodybuilder der Welt. Ich will in den USA leben, ein

Hochhaus mein eigen nennen und Filmstar werden. Am Ende wäre ich gerne Produzent.‹«[8]
Zielstrebig arbeitete Arnold im nächsten Jahr daran, seinen Ruhm weiter auszubauen. Sehr zugute kam ihm dabei die Erfahrung Bennetts, der den künftigen Filmstar die Prinzipien eines wirkungsvollen Bühnenauftritts und insbesondere den Nutzen einer geschickten Musikdramaturgie nahebrachte. Bei einer Exhibition in London vor rund zweitausend Fans wandte Arnold das Gelernte dann zum ersten Male an. »Das Resultat war verblüffend (...) Als ich fertig war, hörte der Jubel und Beifall gar nicht mehr auf, und mir wurde klar, daß es auch an der Musik lag. Sie hatte ihre Wirkung nicht verfehlt. Bisher war mein Posing wie ein Stummfilm gewesen, und jetzt war es ein Tonfilm. Hier eröffnete sich mir eine ganz neue Dimension. Es wurden Spezialscheinwerfer verwendet, um Schatten auf dem Körper zu erzeugen, die Musik setzte dramatisch ein oder hörte abrupt auf. Mir war, als hätte ich mir hier etwas ganz Neues geschaffen, etwas sehr Befriedigendes.«[9]
Als die diesjährige Mr. Universum-Meisterschaft der Amateure anstand, gab es schon im Vorfeld keinen Zweifel am Gewinner. Wie erwartet, gewann Arnold den Titel und schickte kurz darauf ein Telegramm an Reg Park, um ihn an dessen Versprechen zu erinnern. Park hielt Wort und lud ihn in sein Haus in Johannesburg ein. Die private Begegnung mit seinem Idol imponierte Arnold, der zum ersten Mal den Lebensstil eines Filmschauspielers hautnah miterlebte. »Er hatte ein herrliches Haus mit einem großen Swimmingpool davor, das Ganze umgeben von einem riesigen parkähnlichen Garten. Das Haus selbst war mit Antiquitäten aus der ganzen Welt eingerichtet: Es war das Haus eines Stars. Dieses Fluidum war unverkennbar.«[10]
Mittlerweile hatte sich der Ruf der neuen Bodybuilding-Sensation auch in Amerika herumgesprochen. Besonders Joe Weider, seines Zeichens unumschränkter Herrscher des IFBB-Imperiums, zeigte reges Interesse an dem neuen Mr. Universum und sandte seinen Botschafter Ludwig Shusterich einige Tage nach der NABBA-Meisterschaft zu einem ersten Informationsgespräch nach London. Das Angebot war mehr als verlockend: Weider würde ihn nach Amerika holen und ihn dort als Trainer und Artikelschreiber beschäftigen, im Gegenzug würde er Arnold zu einem wahrhaft internationalen Star aufbauen. Noch fühlte sich jener allerdings

nicht zu einem derart radikalen Schritt bereit, zumal ihn mehrere Kollegen aus der NABBA, die in Weider ihren Erzrivalen sahen, eindringlich davor gewarnt hatten. So schob er die Entscheidung fürs erste hinaus, vertröstete Shusterich und kehrte nach München zurück, hielt aber weiterhin Kontakt mit ihm.

Fast ein Jahr darauf, am 21. September 1968, gewann Arnold Schwarzenegger seinen zweiten Mr. Universum-Titel. Kurz vor seinem Bühnenauftritt, dem er im übrigen recht gelassen gegenüberstand, traf er seine endgültige Entscheidung: Verblüfft mußte sich der herbeizitierte Shusterich anhören, daß der zweifache Weltmeister das Angebot nun sehr gerne annehmen würde, und zwar so schnell es ginge. Auf einmal hatte sich der Spieß umgedreht, auf einmal war die Reihe an Shusterich gekommen, sich entsprechende Ausflüchte einfallen zu lassen: Zwar habe Weider Arnold nach Miami eingeladen, doch momentan entspräche seine Form wohl kaum den etwas anderen Anforderungen einer IFBB-Meisterschaft. Überdies besäße er kein Visum für Amerika.

Wie so oft, gelang es Arnold jedoch mühelos, seinen Kopf durchzusetzen. Wenig später sah man sich am Air India-Schalter in Heathrow wieder, wo sich rasch das erste Problem einstellte: Arnold hatte nach wie vor kein Visum. Ein Antrag wiederum würde einige Tage in Anspruch nehmen, und bis dahin war die Meisterschaft in Miami gelaufen: Arnolds amerikanische Karriere schien vorüber zu sein, bevor sie noch so richtig angefangen hatte. Doch wieder war ihm das Glück hold. Shusterich hatte Beziehungen, genauer gesagt: einen ehemaligen Offizierskollegen, der mittlerweile in der Visa-Abteilung der amerikanischen Botschaft arbeitete. Nach einem kurzen Anruf packte Shusterich Arnold in ein Taxi, raste mit ihm zur Botschaft und unterzeichnete die erforderliche Bürgschaftserklärung. Kurz darauf saß Arnold Schwarzenegger im Flieger nach Miami, tags darauf verlor er prompt die IFBB-Meisterschaft an Frank Zane. »Welch eine Ernüchterung. Ich verließ den Saal, geknickt, am Boden zerstört. Ich weiß noch, was mir damals durch den Kopf ging: ›Ich bin fort von zu Hause, in dieser fremden Stadt, in Amerika, und ich bin ein Verlierer...‹ Ich heulte die ganze Nacht. Es war entsetzlich. Mir war, als sei das Ende der Welt gekommen. Aber so leicht war ich nicht unterzukriegen.«[11]

Auch Joe Weider entdeckte schnell, daß der Mann, den er sich als seinen Schüler und Protegé auserkoren hatte, keineswegs ein

Muster an Bescheidenheit war. Arnold hielt sich an die Vereinbarungen, verfaßte Artikel für Weiders Zeitschriften und trat in dessen IFBB-Shows auf, achtete ansonsten aber peinlich genau darauf, nicht zu sehr in Weiders Schatten zu geraten. Nach dem ersten Schock hatte er sich zudem rasch mit dem *american way of life* angefreundet: Die politischen Ansichten des damaligen Präsidenten Richard Nixon sagten ihm ebenso zu wie das Wetter und die schnellen Autos; in kürzester Zeit hatte Arnold eine beachtliche Anzahl von Strafzetteln wegen überhöhter Geschwindigkeit gesammelt. Er verbrachte einige Zeit in New York, zog dann jedoch ins kalifornische Santa Monica um. Weider hatte ihm ein kleines Appartement an der Strand Street und einen Platz in Vince Giocondas Studio am Ventura Boulevard besorgt. Jener zeigte sich von Arnolds Körperbau indes nicht sonderlich beeindruckt, und so tat der Neuankömmling einmal mehr das, was ihm schon in Graz die Bewunderung seiner Kollegen eingebracht hatte: Er trainierte über neun Monate lang äußerst intensiv, wobei die Dauersitzungen seiner frühen Jahre mehr und mehr den *split sessions* wichen. In der Folge wechselte er die Studios und zog bei Gold's ein, dem damals bekanntesten Bodybuilding-Zentrum der Westküste. Er freundete sich mit seinem Rivalen Frank Zane an, legte sich einen Zirkel von angehenden Bodybuildern zu, die ihm beinahe sklavisch an den Lippen hingen, und setzte schließlich sogar durch, daß sein Freund Franco Columbu ebenfalls in die Weider-Organisation aufgenommen wurde.

Auch seine Karriere verlief genau nach Plan: Zwar unterlag er bei den Mr. Universum- und Mr. Olympia-Meisterschaften 1969 in New York seinem Gegner Sergio Oliva, dafür gewann er in London zum zweiten Mal den NABBA-Profititel ohne sonderliche Mühe. Unmittelbar danach begann Arnold mit den Dreharbeiten zu seinem ersten Film. Die Gelegenheit dazu hatte ihm Joe Weider verschafft, der die Leinwandaspirationen seiner Nummer Eins nur zu gut kannte. Einmal mehr heiligte der Zweck dabei die Mittel: Weider hatte dem Produzenten einfach weisgemacht, daß es sich bei Arnold um einen bekannten europäischen Bühnendarsteller handele.

Hercules in New York (Herkules in New York) sollte die amerikanische Neuauflage einer italienischen Erfolgsserie werden. Arnold selbst spielte natürlich die Titelrolle des olympischen Halbgotts; als Regisseur war Arthur Allen Seidelman vorgesehen, der mit

›Hercules in New York‹ – Mißratenes Filmdebüt eines ›bekannten europäischen Bühnendarstellers‹.

diesem Film gleichfalls sein Debüt geben würde, das Budget belief sich auf magere 300.000 Dollar. So überraschte es niemanden wirklich, als sich das fertige Produkt als einer jener rührend hilflosen Streifen entpuppte, für die selbst der Begriff *camp* noch zu hoch gegriffen war. Schimmerte in den italienischen Herkules- und Maciste-Filmen wenigstens angelegentlich noch etwas Intelligenz durch, verfehlt *Hercules in New York* jedes seiner Ziele gleich um mehrere Kilometer: Regie, Drehbuch, Kamera, Musik und Trickeffekte sind gleichermaßen einfallslos; die Bilder selbst erinnern in ihrem kruden Naturalismus und den ausgebleichten Farben eher an ein zu Recht verschollenes *missing link* zwischen

Mit Arnold Stang in ›Hercules in New York‹ – Im Rückblick finden sich durchaus Parallelen zwischen der Filmgeschichte und Arnolds eigener Biographie.

dem opulent-artifiziellen neomythologischen Film und dem modern-realistischen Barbarenfilm.

In seiner ersten Rolle spielt Arnold Strong, wie sich Arnold im Vorspann nannte, dabei in etwa so, wie man es von einem unerfahrenen Bodybuilder erwartet. Sporadisch wird die Kamera zwar seinem Körper gerecht und delektiert sich aus der Untersicht an seinen tanzenden Brustmuskeln; in diesen Szenen zeigt sich denn auch ein wenig jener Präsenz, die aus Wag Bennetts dramaturgischen Lektionen gediehen war und die ihm auf der Bodybuilding-Bühne bislang so sehr zum Vorteil gereicht hatte. Ansonsten ist die aufgesetzte Natürlichkeit des Anfängers freilich nicht zu übersehen: ein geradezu groteskes Unterspielen, das furchtsam darauf bedacht ist, auch ja »echt« zu wirken. Daß Arnold darüber hinaus von einem anderen Schauspieler synchronisiert werden mußte, da sein deutscher Akzent nach Meinung der Produzenten einem Erfolg des Films eher hinderlich sein würde, war nurmehr das Tüpfelchen auf dem i.

Arnold selbst machte sich von vornherein keine Illusionen über die Qualität des Films, und so mochte seine Zusage durchaus damit etwas zu tun gehabt haben, daß die Geschichte des Films allerlei Parallelen zu seiner eigenen Biographie aufwies. Immerhin gab es in *Hercules in New York* nicht nur den großen, alles überwindenden Helden, der sich in einer neuen Umgebung nach ersten Problemen sehr gut zurechtfindet, sondern auch die gutmütigen kleinen Wichte, die ihm willig den Aufstieg erleichtern, die Frauen, denen man ohne Mühe den Freund abspenstig machen konnte, und den Vater, der den Sohn nicht aus seiner Heimat entlassen will. In der autobiographischsten Szene steht Herkules alias Arnold dann vor einem Kino, wo gerade der (fiktive) Film *Hercules Against the Monster* läuft: »Da kopiert mich jemand«, beschwert er sich bei seinem Göttervater, »und die Menschen überschütten ihn mit Geld. Aber das bin nicht ich.«

Im Rückblick haben diese Sätze durchaus ihren Doppelsinn. Für Arnold erfüllte sich in diesem Moment sein Jugendtraum aus dem Grazer Kino: Er hatte mit seinem großen Idol Reg Park in jedem Punkt gleichgezogen. Zugleich dürfte ihm aber auch schmerzhaft klargeworden sein, wie klein der Traum in Wirklichkeit doch gewesen war. Herkules war nicht genug.

Der Bodybuilder

»Ich denke, daß ich sehr viel für die Popularität des Sports
getan habe, als ich Mitte der Siebziger ernsthaft mit der
Förderung des Bodybuilding anfing. Zum einen habe ich nie die
Dinge von mir gegeben, die die Leute normalerweise
abschrecken. In alten Zeiten redeten die Bodybuilder darüber,
daß sie täglich zwei Pfund Fleisch und dreißig Eier essen muß-
ten, daß sie jeden Tag zwölf Stunden Schlaf brauchten und an
Sex nicht einmal denken durften. Ich habe mich gefragt, wer
zum Teufel sich für so einen Sport interessieren soll. Erstens
stimmte das alles gar nicht. Und zweitens: Wenn man die Leute
zu einer bestimmten Tätigkeit bewegen will, muß man dafür
sorgen, daß sie sich angenehm anhört.«

Arnold Schwarzenegger

1970 sollte das Jahr des Arnold Schwarzenegger werden, nicht nur
in beruflicher Hinsicht. Vor kurzem war er der zwanzigjährigen
Barbara Outland in einem Hamburger-Restaurant in Santa Monica begegnet, wo sie in den Semesterferien ihr Geld als Kellnerin
verdiente. In der Folge sah man sich immer öfter, der erste
Antrittsbesuch bei Barbaras Eltern ließ nicht lange auf sich warten.
Das Weihnachtsfest verbrachte man bereits gemeinsam, was Arnolds Bekannte im Sportstudio prompt zu einigen hämischen
Bemerkungen über den frisch Verliebten hinriß, der das andere
Geschlecht bisher recht nonchalant als Gebrauchsobjekt betrachtet hatte. »Sie war anders als die meisten Mädchen, die ich bisher
kennengelernt hatte«, verteidigte sich Arnold daraufhin. »Ich
könnte es als innere Wärme beschreiben, eine Natürlichkeit, wie
man sie mit einem Mädchen aus der Heimatstadt in Verbindung
bringt (...) Barbara mochte mich als Mensch, nicht als Bodybuilder, als Weltmeister. Sie wußte am Anfang gar nichts von
diesem Sport und fand erst Wochen später heraus, daß ich
irgendwelche Titel hatte.«[12]
Daneben ergab sich aber auch ein praktischer Nutzen aus der Zeit
mit Barbara: Jene bereitete sich auf ein Lehramt vor und machte
sich daher willig an die Aufgabe, Arnolds arg teutonischen Akzent
ein wenig auszumerzen; zwischendurch bearbeitete sie die Fan-
post, die in immer größeren Mengen eintraf. Inzwischen hatte

Arnold die PR-Lektionen seines Mentors Joe Weider perfekt verinnerlicht: Exhibitions allein genügten ihm nicht mehr, und so hatte er auf Weiders Rat hin eine Postversandfirma gegründet, die zahlreiche Bodybuilding-Hilfsmittel und Trainingsbroschüren vertrieb; die Texte selbst erschienen unter dem Pseudonym Arnold Strong und wurden von Weiders Redakteur Gene Mozee verfaßt.

Daneben hatte er zusammen mit Franco Columbu eine Firma namens »Pumping Bricks« aus er Taufe gehoben, die sich vornehmlich mit dem Verkauf spezieller Ziegelsteine befaßte.

Noch standen indes die Meisterschaften an oberster Stelle der Agenda. Am 19. September flog er für den NABBA-Profititel nach London und gewann zum dritten Mal in Folge, wobei er auch über sein ehemaliges Idol Reg Park triumphierte, der sich ausgerechnet 1970 zum Jahr seines Comebacks ausgesucht hatte. Unmittelbar danach raste er im Jet zurück nach New York, hastete durch den Zoll und kletterte in die Maschine nach Columbus/Ohio, wo kurz darauf die »Pro Mr. World«-Meisterschaft ausgetragen wurde. Diesmal schlug Arnold seinen Konkurrenten Sergio Oliva problemlos aus dem Feld. Mit dem Gewinn des »Mr. Olympia« zwei Wochen später in New York war der Hattrick dann komplett. »Als mir der Sprecher den Titel verlieh und das Mädchen mir die Trophäe überreichte und ich den kalten Silberpokal gegen den Bauch drückte, in diesem Augenblick wurde mir klar, daß ich nun alles erreicht hatte, was man als Wettkämpfer im Bodybuilding erreichen kann. Von nun an würde ich meinen Titel nur noch verteidigen, und das rückte die Dinge in ein ganz anderes Licht. Ich hatte reinen Tisch gemacht. Das war es nun. Ich nenne es das goldene Dreieck. Päng, päng, päng, hatte ich in zwei Wochen in drei Städten aufgeräumt. Ich hatte sie alle geschlagen, jeden hervorragenden Wettkämpfer, den man im Bodybuilding je zu fürchten hatte. Ich war King Kong.«[13]

Ein King Kong freilich auch, der von der Höhe seines Wolkenkratzers nur selten an das heimatliche Skull Island zurückdachte. Als Arnolds Bruder Meinhard am 20. Mai 1971 bei einem Autounfall ums Leben kam, blieb er dem Begräbnis fern und traf erst im Sommer zu einem Kondolenzbesuch bei Meinhards Witwe in Kufstein ein. Dann rief das Empire State Building seinen King Kong einmal mehr zu sich: Arnold hatte geplant, in London seinen NABBA-Titel zu verteidigen, doch inzwischen hatte die IFBB eine neue Regel aufgestellt, die es Bodybuildern untersagte, sich sowohl für die NABBA- *und* die IFBB-Meisterschaften anzumelden. Die Organisatoren des »Mr. Olympia« in Paris weigerten sich rigoros, die Vorschriften zu Arnolds Gunsten etwas großzügiger auszulegen; am Ende entschied er sich dann für Paris und seinen zweiten IFBB-Titel.

1972 entwickelte sich rasch zu einem Déjà-Vu-Erlebnis. Wieder gewann Arnold die IFBB-Meisterschaft, die dieses Mal in Essen ausgetragen wurde. Zum ersten Mal hatte er jedoch seinen Vater dazu überreden können, ihm bei seinem Auftritt zuzusehen. Gustav zeigte sich angenehm berührt, als die Tausende von Fans seinem Sohn auf der Bühne zujubelten, zeigte am Ende jedoch weniger Enthusiasmus über die beispiellose Karriere seines Sohnes, als sich Arnold das vielleicht erhofft haben mochte. Ohnehin sollte es die letzte Begegnung zwischen Vater und Sohn werden: Am 11. Dezember 1972 starb Gustav Schwarzenegger an einem Schlaganfall; eine Woche danach wurde er auf dem Weiz-Friedhof einige Kilometer außerhalb von Graz unter großer Anteilnahme der Bevölkerung beigesetzt.

Einmal mehr jedoch fanden die Trauerfeierlichkeiten ohne Arnold statt. Seither hat es von seiner Seite nicht an Erklärungen gefehlt, mit denen er diesen dunklen Fleck in seinem Leben wenn schon nicht auszulöschen, so doch zumindest zu relativieren suchte. Behauptete er in dem Dokumentarfilm *Pumping Iron* noch, daß er seinem toten Vater ohnehin nicht habe helfen können und zu diesem Zeitpunkt zu tief im Training gesteckt habe, variierte er später, als er in die Details des PR-Geschäfts eingedrungen war, die Geschichte ein wenig und machte nun eine Beinverletzung für sein Fehlen verantwortlich. Die neueste und von einem Publicity-Standpunkt sicherste Version lautet übrigens, daß man ihn nicht rechtzeitig verständigt habe.

Langsam machte sich in Arnold eine gewisse Desillusionierung breit. Der Thrill der Meisterschaften drohte zu verfliegen; es gab keinen ernsthaften Konkurrenten mehr für ihn und so gerieten die IFBB-Auftritte allmählich zur bloßen Pflichtübung. Immer intensiver sah er sich in der Folge daher nach anderen Betätigungen um. Nach einem kurzen Studium am Santa Monica College wechselte er 1973 an die UCLA, wo er die Abendschule und einige nichtmatrikulierte Kurse besuchte und sich dem Vernehmen nach als »ordentlicher Schüler« erwies. Auch die seit drei Jahren brachliegende Filmkarriere schien auf einmal wieder im Aufwind zu sein: Anfang September 1972 war er einem *Oui*-Photographen namens George Butler begegnet, der zusammen mit einem anderen Autoren, Charles Gaines, gerade an einem Buch über Bodybuilding arbeitete. Butler hatte sich von Arnolds Präsenz beeindruckt gezeigt und ihm vorgeschlagen, ihn zum Zentrum des Buches und des danach geplanten Dokumentarfilms zu machen.

Mit Elliott Gould (M.) in ›The Long Goodbye‹ – Regisseur Robert Altman hatte Arnold aufgrund der Empfehlung eines Freundes für die Nebenrolle eines Schlägers verpflichtet.

Des weiteren hatte er sich mit dem Schauspieler David Arkin angefreundet, der demnächst eine Rolle in Robert Altmans *The Long Goodbye* (Der Tod kennt keine Wiederkehr) übernehmen sollte. Arkin brachte seinen Namen ins Gespräch und umschrieb Arnold dem Regisseur gegenüber als Gewichtheber, der gerade aus Deutschland eingetroffen sei. Altman, der sich seinen Stab und seine Schauspieler vorzugsweise aus seiner eigenen Clique zusammensuchte, akzeptierte Arnold *sight unseen*; ohne Vorsprechtermin teilte er ihm die Rolle eines Schlägers zu, der im Auftrag einiger Gangster den von Elliott Gould gespielten Marlowe terrorisieren sollte. Die Rolle selbst war nicht besonders anspruchsvoll; im wesentlichen hatte Arnold nichts weiter zu tun, als dazustehen und seine bedrohliche Körpergröße zur Geltung zu bringen.

Im November 1974 kam »Pumping Iron« auf den Markt und entwickelte sich rasch zu einem heimlichen Verkaufsschlager, wenngleich die Mainstream-Kritik das Buch geflissentlich übersah. Langsam begannen sich in der Folge auch die etablierten

Sportzeitschriften für Bodybuilding zu interessieren: der Jogging-Kult und die damit verbundene Körper-Awareness war über Amerika hereingebrochen.

Arnold beackerte das neue Feld mit aller Macht. In den nächsten beiden Jahren trat der mittlerweile fünffache Mr. Olympia wieder und wieder in zahlreichen Fernsehtalkshows auf, erzählte mit entwaffnender Selbstironie die Geschichte seines Lebens und lobte mit gekonnt forcierter Bescheidenheit die Ideale seines neuen Heimatlandes. Als Nebenprodukt seines neuen Medienruhms folgte 1974 dann ein neues Filmangebot: Die berühmte Komikerin Lucille Ball hatte ihn in einer Talkshow erlebt und ihm eine Rolle in ihrem TV-Film *Happy Anniversay and Goodbye* offeriert. Arnold spielte darin einen italienischen Masseur, der Lucys Freundin zu einer besseren Form verhelfen sollte. Zur Sicherheit gab Ball ihrer »Neuentdeckung« vor den Dreharbeiten dann noch eine Woche Schauspielunterricht.

Nach einigem Hin und Her sah es mittlerweile auch so aus, als ob der geplante Dokumentarfilm *Pumping Iron* demnächst Realität werden würde. Und wie der Zufall es so wollte, hatte dessen Autor Charles Gaines zu diesem Zeitpunkt noch ein zweites Eisen im Feuer: Bob Rafelson steckte gerade mitten im Casting einer anderen Gaines-Verfilmung, *Stay Hungry* (Mr. Universum). Da das Skript nach einem Bodybuilder verlangte, der im Film den künftigen Mr. Universum verkörpern und somit quasi als Alternative zur verknöcherten Südstaatengesellschaft erscheinen sollte, der der Hauptdarsteller Jeff Bridges zu entkommen trachtete, machte sich Gaines bei Rafelson für Arnold Schwarzenegger stark. Jener reagierte zunächst mit gebührender Skepsis, ließ sich dann jedoch erweichen und lud Arnold zu einem persönlichen Gespräch in sein Haus ein. Dort zeigte sich dann, wie gut der künftige Star die Charme-Lektion der Talkshows gelernt hatte: Arnold wickelte Rafelson förmlich um den kleinen Finger; am Ende des Abends rief der Regisseur dann seinen Bekannten Jack Nicholson an und erkundigte sich nach einem geeigneten Schauspiellehrer. Die nächsten drei Monate verbrachte Arnold im Studio von Eric Morris, wo man täglich zwei bis drei Stunden lang das *Stay Hungry*-Skript durchging.

Barbara dagegen zeigte sich von Arnolds neuer Karriere nicht so angetan. Als sie schließlich einsehen mußte, daß sie ihn beim besten Willen nicht von seinen neuen Plänen abbringen konnte,

Mit Sally Field in ›Stay Hungry‹ – Arnold spielte die recht autobiographische Rolle eines österreichischen Bodybuilders, der in Amerika zu Ruhm und Ehre kommen möchte.

resignierte sie und gab ihm den Laufpaß. »Sie war eine ausgeglichene Frau, die ein normales, geordnetes Leben wollte«, begründet Arnold die Trennung in seiner Autobiographie, »und ich war kein ausgeglichener Mann, dem schon der Gedanke an ein normales Leben zuwider war. Sie hatte geglaubt, mein Tatendrang würde sich einmal legen, hatte gedacht, ich würde die Spitze in meinem Sport erklimmen und mich dann damit zufriedengeben. Aber das ist ein Konzept, das in meinem Denken keinen Platz hat.«[14] Im April 1975 machte sich Arnold – nun wieder frei und ungebunden – auf den Weg nach Birmingham/Alabama zu den Dreharbeiten von *Stay Hungry*; zwei Monate später kehrte er nach Los Angeles zurück, wo er in Vorbereitung auf seine nächste Rolle in *Pumping Iron* seine Studien unter Eric Morris fortsetzte. Das nächste halbe Jahr verfolgten Butler und Gaines die beispiellosen Triumphzüge Arnolds in den verschiedensten Bodybuilding-Arenen der Welt, Höhepunkt wurde dann die IFBB-Meisterschaft am 8. November 1975 in Pretoria. Nicht zuletzt dank Arnolds Fürsprache hatte man den Wettbewerb in diesem Jahr nach Südafrika verlegt. Jener war mit dem Sohn des südafrikanischen Sportministers Piet Koornhof befreundet, und so hatte sich die Regierung schließlich bereiterklärt, die Apartheid-Gesetze für die Athleten während der Meisterschaft aufzuheben. Wie erwartet, gewann er seinen sechsten Mr. Olympia. Als er anschließend mit dem Siegerpokal auf der Bühne stand, überraschte er jedoch sein Publikum mit einer weitreichenden Ankündigung: Unter dem starren Blick der *Pumping Iron*-Kameras verkündete er, daß er sich von der aktiven Teilnahme an derlei Meisterschaften zurückziehen und sich in Zukunft auf reine Promotion beschränken werde. Ferner, so ließ er in verschiedenen Interviews durchblicken, hege er durchaus Hoffnungen in bezug auf eine Karriere als erfolgreicher Schauspieler.

Stay Hungry, der im Juni 1976 schließlich seine Premiere erlebte,

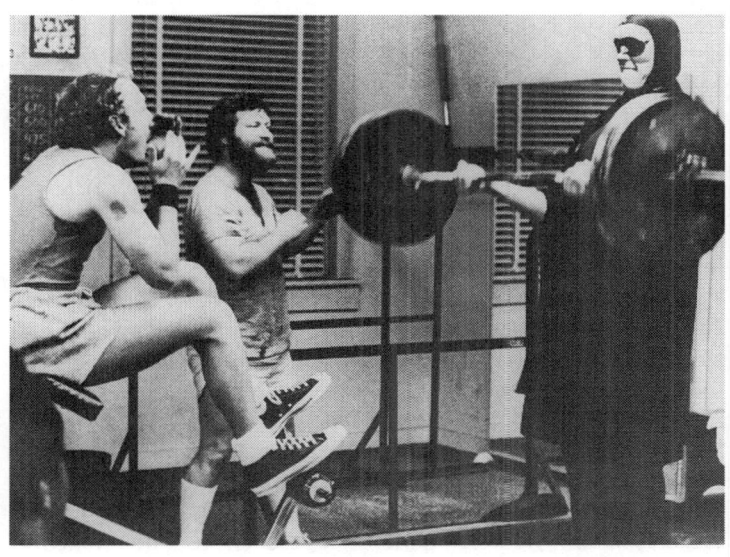

Gesten wider die verknöcherte Südstaatengesellschaft – Mit dem späteren Freddy Krueger (Robert Englund, l.) in ›Stay Hungry‹.

gab in dieser Hinsicht durchaus Anlaß zu Optimismus. Rafelsons satirisches Porträt vom Niedergang der alteingesessenen Südstaatengesellschaft war nicht gerade ein Kassenschlager, wurde von den meisten Kritikern jedoch sehr wohlwollend aufgenommen. Über weite Strecken steht der Film dabei ganz auf Seiten des Bodybuilders Joe Santo (Arnold Schwarzenegger) und der von ihm verkörperten Ideale: Im Gegensatz zu den saturierten Yuppies, den schmierigen Spekulanten und den intoleranten Limonentörtchen, die auf gepflegten Partys den großen Tagen eines *Gone with the Wind* nachweinen, repräsentieren Santo und seine Clique eine andere, ehrlichere Art des Traditionsbewußtseins. Eine Schlüsselsequenz des Films zeigt, wie Santo seinen neuen Freund Craig Blake (Jeff Bridges) zu einem Fiedeltreffen im Wald einlädt – eine Sequenz übrigens, für die Arnold eigens einige Lektionen bei Byron Berline genommen hatte.

Um diesen seinen Gegenentwurf wirksam an den Mann zu bringen, unterstreicht der Film im folgenden immer wieder, daß der Geist dahinter zwar unkonventionell sein mag, letztlich aber selbst im Rahmen konservativer Wertvorstellungen durchaus akzeptabel ist. Szene auf Szene bemüht sich um eine Korrektur üblicher Klischees; die angebliche Homosexualität der Bodybuilder entlarvt das Drehbuch dabei ebenso als Fiktion wie den Mythos ihrer kulturellen Beschränktheit (Santo hat Kultur: er ist vollendeter Fiedelspieler) und des hemmungslosen Narzißmus (Santo sucht nicht etwa Ruhm und Ehre, sondern möchte lediglich seine Schulden bezahlen). Erst gegen Ende relativiert Rafelson die Sache dann ein wenig, als der Mr. Universum-Wettbewerb auf die Straßen der Kleinstadt hinausschwappt und die Bodybuilder hemmungslos auf Bussen und Denkmälern posieren. Einerseits symbolisiert die Sequenz natürlich den Sieg des neuen Geistes, andererseits zeigt sich darin aber auch, daß sich dieser neue Geist so sehr nicht vom alten unterscheidet: er mag volksnäher sein, toleranter auch, aber letztlich bleibt er doch nicht weniger auf sich selbst fixiert.

Wie in *Hercules in New York* spielt Arnold Schwarzenegger auch in *Stay Hungry* im wesentlichen eine Idealvorstellung seiner selbst, wenngleich die Schauspiellektionen der letzten fünf Jahre eine unübersehbare Wirkung hatten. Abgesehen von der höllenrot ausgeleuchteten Sequenz des Mr. Universum-Wettbewerbs ignoriert er seinen Körper diesmal weitgehend, kultiviert statt dessen eine gewisse, durchaus glaubwürdige Normalität, wie sie erst sehr viel später in *Twins* (Zwillinge) wieder zum Vorschein kommen sollte; sein Joe Santo ist ein Mensch wie du und ich, nur kräftiger. Ein Kritiker bezeichnete ihn denn auch als »sanften Riesen, groß und schwerfällig, stets darauf bedacht, niemanden auf die Füße zu treten. Er hat einige komische Dialoge, die er recht geschickt abliefert, und am Ende hat man ihn auf eine etwas unbehagliche Art zu schätzen gelernt – etwa so, wie man einen Panther schätzt, der einen zu guter Letzt dann doch nicht zerfleischt hat.« Die Vereinigung von Hollywoods Auslandspresse sah die Sache ähnlich und verlieh Arnold den Award des besten Newcomers 1976. Weitere Filmangebote blieben jedoch aus, und so kehrte er im September in die Bodybuilding-Welt zurück. Bei der IFBB-Meisterschaft in Columbus gab er seiner angekündigten Einstand als Produzent und erzielte dabei auf Anhieb ein ausverkauftes Haus. Da sich sein Jahreseinkommen mittlerweile auf etwa 200.000 Dollar belief, interessierte er sich zudem mehr und mehr für Geldanlagen und insbesondere Immobilien; so hatte er sich 1976 u.a. einen Appartementblock in Santa Monica zugelegt.

Am 18. Januar 1977 fand nach mehreren Verzögerungen dann die Premiere des Dokumentarfilms *Pumping Iron* statt. Zahlreiche Bodybuilder und auch einige Berühmtheiten wie Carly Simon und Tom Wolfe zählten zu den Gästen, daneben hatte Arnold eigens seine Mutter aus Österreich einfliegen lassen. Die geschickte PR-Kampagne Bobby Zarems tat noch das ihre: Über Wochen hinweg waren Arnold und sein neuer Film in aller Munde, und nicht einmal die Filmkritik vermochte sich dem Reiz des Stars zu entziehen. Arnold sei ein cooler, schlauer, jugendhafter Charmeur, orakelte etwa Richard Schickel in *Time*, »der das Selbstvertrauen eines Mannes ausstrahlt, der schon immer gewußt hat, daß er einmal ein Star werden würde. Arnold besitzt eine Fähigkeit, die man sich einfach nicht aneignen kann, egal, wie hart ein Athlet trainieren mag, egal, wie viel aufmunternde Gespräche – komplett mit Bezügen auf Michelangelos Skulpturen – er sich anhört. Bei dieser Fähigkeit handelt es sich natürlich um Charisma, der Gabe, auf beinahe magische Weise Gegner zum völligen Kollaps und Preisrichter zur Vergabe günstiger Stimmen zu bewegen.«

Im Hinblick auf seine geplante Karriere als Schauspieler erwies sich der Dokumentarfilm indes als deutlicher Rückschlag. Wo *Stay Hungry* einen Arnold Schwarzenegger gezeigt hatte, dem man

*Beim traditionellen Robert F. Kennedy-Tennisturnier 1978 – Im Jahr zuvor
hatte Arnold bei dieser Veranstaltung seine künftige Frau Maria Shriver
kennengelernt.*

zumindest zutrauen konnte, auch einmal andere Rollen als sich
selbst zu spielen, warf *Pumping Iron* das Image voll auf jenes des
erfolgreichen Bodybuilders zurück. So stellten sich die Rollen, auf
die Arnold nach seinem Publicitycoup gehofft haben mochte, nur
sehr spärlich ein; ein kurzer Gastauftritt in einer Folge der *Streets
of San Francisco* (Die Straßen von San Francisco), in der er einen

frauenmordenden Bodybuilder aus Europa (!) spielte, sollte in den nächsten beiden Jahren das Höchste der Gefühle bleiben.

In privater Hinsicht entpuppte sich *Pumping Iron* indes als äußerst schicksalhaft. Angesichts von Arnolds neuem Ruhm war es Bobby Zarem gelungen, für seinen Klienten eine Einladung zu Robert F. Kennedys alljährlicher Tennismeisterschaft in Forest Hills herauszuschlagen. Mit mittlerweile oft geübtem »Schmäh« hinterließ Arnold einen bleibenden Eindruck bei seinen Gastgebern, die ihn daraufhin zu einem Wochenende nach Hyannis Port einluden. Dort lernte er erstmals jene Frau kennen, die ihn neun Jahre später endgültig zu einem Märchenprinzen machen würde.

Maria Shriver war die künftige Erbin der Kennedy-Millionen, die Joe ihrer Mutter Eunice hinterlassen hatte. Ihr Vater war Botschafter in Frankreich gewesen, und so hatte sie einen Großteil ihrer Kindheit in Paris und in einem israelischen Kibbuz verbracht. Mit sechzehn hatte sie ihren Vater dann auf dessen Vizepräsidentschaftskampagne begleitet und dabei schnell eine innige Beziehung zum mitreisenden Pressetroß entwickelt. Schließlich hatte sie sich für eine Karriere als Journalistin entschieden und an der Georgetown University im Fach Amerikanistik promoviert. Sie war ein *self-made girl*, und so sah sich Maria schnell zu Arnold hingezogen, in dem sie wohl so etwas wie eine verwandte Seele erblickte.

Schwierig wurde die ganze Angelegenheit dadurch, daß Arnold seit einiger Zeit mit der fünfundzwanzigjährigen Sue Moray liiert war, die er am Strand von Venice kennengelernt hatte. Mit unfehlbarem Sinn fürs Praktische rang er schließlich Sue ein ungewöhnliches Versprechen ab: Solange man gemeinsam in Los Angeles war, würde man lediglich miteinander ausgehen. In allen anderen Städten dagegen könne jeder tun und lassen, was er wollte. Der Hintergedanke war natürlich, daß Maria an der Ostküste lebte, und so nutzte Arnold das Versprechen recht bald hemmungslos aus. Kam Maria tatsächlich einmal nach Los Angeles, redete er solange auf Sue ein, bis sie ihm das Appartement für ein Wochenende überließ.

Das Doppelspiel sollte die erste Hälfte des Jahres 1978 überdauern. Immer wieder kam es zu Streitigkeiten; einmal drohte Sue sogar, Arnold endgültig zu verlassen, was dieser – scheinbar tief geknickt – jedoch noch einmal zu verhindern wußte. Im August kam es schließlich zum Eklat. Als Arnold verkündete, daß er zusammen mit Maria und zwei österreichischen Bekannten nach Hawaii fliegen würde, Sue jedoch nicht mitkommen könne, stellte ihn diese kurzerhand vor ein Ultimatum. Damit hatte sie zu hoch gepokert: Arnold lehnte das Ansinnen kurzerhand ab, Sue zog aus und machte Maria endgültig freie Bahn.

Mochte sich privat damit vorerst alles zum Guten gewendet haben, verlief die berufliche Karriere dennoch alles andere als vielversprechend. Im Oktober 1978 zog Arnold für die Dreharbeiten seines dritten Films nach Tucson/Arizona. Wohl belief sich seine Gage für *The Villain* (Kaktus-Jack) bereits auf ordentliche 275.000 Dollar. Dennoch hatte ihn das Drehbuch nicht sonderlich überzeugt, und er hatte im Grunde nur deshalb zugesagt, weil sich ihm die Chance bot, an der Seite von Kirk Douglas aufzutreten. *The Villain* war als Kreuzung zwischen einem Roadrunner-Cartoon und einer satirischen Westernballade nach Art von *Cat Ballou* (Cat Ballou – Hängen sollst Du in Wyoming) gedacht, versandete aber schnell in einer lieblos aneinandergeklebten Serie von Stunts: Ohne die geringste dramaturgische Variation bemüht sich der böse Kaktus-Jack neunzig Minuten lang, der hübschen Charming Jones (Ann-Margret) ihr Geld abspenstig zu machen. Weder gibt es dabei eine Steigerung in der Abstrusität seiner Attacken noch so etwas wie einen Übergang zwischen ihnen; selbst den Schauspielern geht entschieden etwas von der Wollust und Spielfreude ab, die derlei eindimensionale Figuren einem Darsteller bisweilen bescheren können. Kirk Douglas als schwarzgedreßter Bösewicht, der ständig über die Raffinesse seiner eigenen Pläne stolpert und dabei mal von Felsbrocken überrollt wird, mal gegen den selbst gemalten Bergtunnel donnert, hat zweifellos schon bessere Zeiten gesehen; Ann-Margret hat wenig mehr zu tun, als ihre beiden herausragenden Talente in die Kamera zu halten; Arnold Schwarzenegger schließlich, der hier zum ersten Mal in einer Rolle zu sehen ist, die nicht nach seiner eigenen Biographie modelliert war, bleibt ausgesprochen blaß und unscheinbar, wenngleich man fairerweise hinzufügen sollte, daß die Rolle des naiven »Schönchen Fremder« zweifellos die Undankbarste des gesamten Films war. Dennoch bleibt die Schauspielerführung des ehemaligen Stuntman Hal Needham (*Smokey and the Bandit*) so hilflos, daß man nie so recht abschätzen kann, ob das *deadpan*, mit dem Schönchen Fremder auf die Avancen von Ann-Margret reagiert, nun gewollte ironische Absicht oder

Der Roadrunner und seine beiden Opfer – Mit Kirk Douglas und Ann-Margret in dem mißglückten Westernulk ›The Villain‹.

schlichtes Unvermögen seitens Arnold Schwarzeneggers darstellte. Heute ist *The Villain* zu Recht vergessen, obwohl Arnold es sich nicht nehmen hatte lassen, auf dem Cannes-Festival 1979 kräftig die Werbetrommel für das mißglückte Produkt zu rühren.

Während die geplante Filmkarriere weiter vor sich hindümpelte, konzentrierte sich Arnold einmal mehr auf sein Privatleben. Er verbrachte die Feiertage mit Maria in Wien und bestärkte sie dort in ihrem Entschluß, statt Fernsehproduzentin lieber eine Karriere als Nachrichtensprecherin einzuschlagen. Anschließend widmete er sich wieder seinem Studium an der University of Wisconsin, das er am 10. November 1979 mit dem Titel »Kaufmann für die internationale Vermarktung körperlicher Fitness« abschloß. Im Herbst coverte er die IFBB-Meisterschaft in Columbus für CBS und sah zu, wie sein ehemaliger Konkurrent Frank Zane den Titel zum dritten Mal in Folge für sich einheimsen konnte. Überdies nahm er sein Training wieder auf, was in Windeseile zu Come-back-Gerüchten führte. Arnold stritt jedoch alles ab und be-teuerte, daß er lediglich als Vorbereitung für seinen Part des Mickey Hargitay in dem TV-Film *The Jayne Mansfield Story* (Die Jayne Mansfield Story) zurück ins Studio gegangen wäre. So platzte die Bombe erst kurz vor der IFBB-Meisterschaft in Sydney im darauffolgenden Jahr. Zur enormen Verblüffung aller Offizi-ellen verkündete Arnold, daß er den Wettbewerb nicht nur als Kommentator, sondern als aktiver Teilnehmer bestreiten werde. Was keiner ernsthaft erwartet hatte, traf schließlich ein: Arnold gewann zum siebten Mal den Titel eines »Mr. Olympia«.

Doch der Stern des ehemaligen King Kong war bereits im Sinken begriffen. Es gab einige Gerüchte, wonach die Entscheidung der Preisrichter manipuliert gewesen wäre; auch das Publikum zeigte sich ob der Wahl enttäuscht und buhte ihn aus. Unübersehbar standen die Zeichen an der Wand: Es war an der Zeit, sich ernsthaft um eine Karriere beim Film zu bemühen.

Mit bewährter Methodik analysierte Arnold daher in der Folge seine Schwächen. Sein Auftritt als Mickey Hargitay in *The Jayne Mansfield Story* hatte ihm zwar einige gute Kritiken eingebracht, seinen Ruhm als Schauspieler aber nicht im mindesten gefördert. Es war kein weiter Weg von dieser Erkenntnis bis zur Einsicht, daß er im Kino nie auf einen grünen Zweig kommen würde, wenn er weiterhin als »Bodybuilder« firmierte und lediglich versuchte, seinen Ruhm als Sportler ungebrochen auf die Leinwand zu übertragen: Ein Part wie der von Mae Wests Muskelmann in Ken Hughes *Sextette* oder auch nur gutdotierte Werbespots (»Ich habe meinen Körper fünfzehn Jahre lang trainiert, und trotzdem bin ich nicht so stark wie dieser Reifen«) waren offensichtlich nicht die

Einmal mehr als Bodybuilder besetzt – Mit Loni Anderson in dem Fernseh-film ›The Jayne Mansfield Story‹.

Antwort. Andererseits hatte ihm der Flop von *The Villain* deutlich gemacht, daß er nicht so ohne weiteres in eine Rolle schlüpfen konnte, die *gar* keine Bezugspunkte zu seiner früheren Laufbahn mehr aufwies. Blieb der Kompromiß: ein Part, der zwar einerseits auf seinen Körper abzielte, andererseits aber auch eigenständig und populär genug war, um eine neue Identifikation jenseits bloßer Bodybuilding-Assoziationen herzustellen. Arnold widmete

43

sich der Suche nach einem solchen Part mit dem ihm eigenen Ehrgeiz; Ende 1980 sprach er dann bei einem Abendessen mit Rick Wayne beiläufig von dem Millionen-Dollar-Film, den er demnächst drehen würde. Als jener daraufhin annahm, Arnold spreche vom Gesamtbudget des Films, korrigierte ihn dieser freilich: Eine Million Dollar, das wäre seine Gage.

Der Barbar im Tech Noir

»Das ist Conan. Er weint nicht. Er kann nicht weinen.
Darum weine ich für ihn.«

Gerry Lopez

»Das ist eine Maschine.
Mit der können Sie nicht argumentieren.«

Michael Biehn

»Er ist kein Naturtalent. Er ist lernfähig und wird sich
zweifellos verbessern, aber er ist kein Schauspieler.«

John Milius

Tatsächlich hatte Arnold schon 1976 von dem Projekt erfahren, das ihn sechs Jahre später über Nacht zum Star machen sollte. Damals hatte der Produzent Edward J. Pressman seinen Bekannten Ed Summer gerade mit dem Drehbuchentwurf zu einem geplanten, zweieinhalb Millionen Dollar teuren *Conan*-Film beauftragt, und wie der Zufall es so wollte, besuchten die beiden wenig später eine Vorführung des Rohschnitts von *Pumping Iron*. Pressman und Summer waren sich sofort einig, daß Arnold Schwarzenegger einen idealen Conan darstellen würde. Man nahm Kontakt auf und erhielt auch recht bald eine Zusage: »Arnold zu bekommen, war seinerzeit eines der geringsten Probleme. Er hat das Potential des Stoffs sofort erkannt und blieb die ganze Zeit über sehr kooperativ.«[15] Als weniger kooperativ erwiesen sich indes die Erben Robert E. Howards, die sich rigoros weigerten, die Filmrechte an Pressman abzutreten. So blieb Summer zunächst nichts anderes übrig, als eine vollkommen neue Geschichte für den Barbaren aus dem kühlen Cimmeria zu erfinden, die chronologisch nach dem Roman Howards spielte. Summers Drehbuch stieß bei den Studios indes auf kein sonderliches Echo. Nachdem sich nach langem Ringen auch die Rechtslage langsam zu klären begann, verwarf Pressman Summers Drehbuch und beauftragte statt dessen Oliver Stone mit einer Neufassung. Jener hatte gerade den Drehbuchoscar für Alan Parkers *Midnight Express* (12 Uhr nachts) gewonnen, weshalb sich wiederum die Paramount für den geplanten Film erwärmte. Inzwischen schrieb man 1978. Während Stone an seinem Drehbuch schrieb, ließ Pressman den bekannten Zeichner und Cartoonisten Ron Cobb (*Alien*) eine Reihe von Pre-Production-Entwürfen anfertigen. Arnold wiederum nahm sein Training wieder auf, um zu dem für Januar 1979 geplanten Drehbeginn voll in Form zu sein.

Als Stone seinen ersten Entwurf schließlich ablieferte, setzte rasch Ernüchterung ein. Zwar beruhte das Skript lose auf zwei Howard-Geschichten, *Black Colossus* und *A Witch Shall Be Born*, spielte statt in der Vorvergangenheit jedoch in einer postatomaren Zukunft und kulminierte in einer grandiosen Schlacht zwischen Conan und einem grotesk entstellten Mutantenheer, die jeglichen Budgetrahmen schlichtweg sprengen würde; trotz der qualitativ bestechenden Zeichnungen Cobbs ließ das Interesse der Majors in Folge daher sehr rasch nach.

Radikale Verfilmung eines Fantasyklassikers – ›Conan the Barbarian‹.

Die Rettung für *Conan* kam in Gestalt des selbsterklärten »Zen-Faschisten« John Milius, der für Dino de Laurentiis gerade an dem Bergabenteuerfilm *Half of the Sky* arbeitete. Eine zufällige Begegnung mit Ron Cobb in seinem römischen Büro hatte Milius' Interesse geweckt; seinem Brötchengeber Dino de Laurentiis wiederum war es gleichgültig, *welchen* Film Milius für ihn drehte, solange sich dieser nur an seinen Vertrag hielt. Da aufgrund De Laurentiis' guter Kontakte innerhalb der Branche zugleich die Finanzierung gesichert war, machte sich Milius an eine Umarbeitung des zu teuren Skripts. »Anfangs benutzte er noch das Ausgangsmaterial von Oliver, entfernte sich dann sehr radikal davon. Einer seiner wesentlichsten Beiträge war der Einbezug von Conans Kindheit und Jugend. Nun sah man, wie sich Conan von einem ängstlichen kleinen Kind zu einem Krieger und schließlich zu einem König entwickelte. Das war etwas, was sich bei Howard nirgends findet.«[16]

Aufgrund des neuen Produzenten stand inzwischen allerdings auch der Hauptdarsteller erneut zur Debatte. Nachdem sich die Dreharbeiten zu *Conan* immer weiter hinausgezogen hatten, hatte Arnold mittlerweile begonnen, sich nach anderen Parts umzusehen. Aufs Geratewohl hatte er dabei auch bei Dino de Laurentiis vorgesprochen, der seinerzeit auf der Suche nach einem Darsteller des Flash Gordon war. Der Termin war indes nicht sonderlich ermutigend verlaufen: Kaum war Arnold ins Heiligtum des Produzenten vorgelassen worden, als er den etwas kleinwüchsigen De Laurentiis auch schon recht burschikos fragte, weshalb ein so kleiner Knirps einen so riesigen Schreibtisch brauche. De Laurentiis setzte ihn schnurstracks vor die Tür, und so bedurfte es massiver Interventionen seitens John Milius, bevor Arnold überhaupt wieder in Erwägung für eine De Laurentiis-Produktion gezogen wurde.

Nach weiteren Verzögerungen begannen schließlich am 7. Januar 1981 die Dreharbeiten im spanischen Segovia. Gleich am ersten Tag kam es dabei zu einem kleinen Unfall: Man drehte gerade die Szene, in der Conan von einer Horde wilder Wölfe auf einen Felsblock gejagt wird, als eines der Tiere gegen Arnold prallte. Jener stürzte drei Meter in die Tiefe und riß sich prompt den Rücken auf. »Es fing gut an, und ging dann auch so weiter. Es hat Spaß gemacht, aber es war auch gefährlich. Dabei hatte ich noch Glück, verglichen mit den Stuntmen und den Statisten in den Kampfszenen. Die sind von Pferden niedergetrampelt und in den Kopf getreten worden, und eine ganze Reihe landete schließlich im Krankenhaus. Von den Schauspielern hat sich allerdings keiner darüber Sorgen gemacht, daß er bei den Dreharbeiten eventuell verletzt wird. Das lag einzig und allein an John (…) Er hat uns motiviert. Er hat uns dazu gebracht, Dinge zu tun, die wir normalerweise strikt ablehnen würden.«[17]

Von Segovia zog die Crew nach Madrid und von dort aus weiter nach Almeria, wo man die Szenen um Thulsa Dooms Bergtempel abdrehte. Mitte Mai ging der Film in die Nachbearbeitung, im Herbst war der erste, zwei Stunden und 45 Minuten lange Rohschnitt fertig. Universal hatte die amerikanische Premiere für Weihnachten geplant, doch De Laurentiis bestand darauf, daß

Conan the Barbarian nicht länger als zwei Stunden sein durfte. Milius ging zurück ins Studio, wodurch sich das Startdatum auf Februar 1982 verschob. Einige Schwierigkeiten mit der MPAA-Freigabe – es ging um das Ausmaß und die Wirkung der Gewaltszenen – zögerten den Start dann noch einmal auf Mai hinaus. *Conan the Barbarian* startete mit enormen Werbeaufwand und einer Unmenge von Kopien. Wie bei seinem Remake von *King Kong* bediente sich Dino de Laurentiis einmal mehr der Taktik des *saturation release*, um die Auswirkungen einer eventuell negativen Mundpropaganda möglichst gering zu halten; in der BRD startete der Film mit der damals ungeheuren Zahl von 350 Kopien. Im übrigen strich die Werbung die Identität zwischen Schauspieler und Rolle (»Arnold Schwarzenegger IST Conan«) groß heraus, was Arnold selbst nach Kräften förderte. »Ich bin Conan!« lautete ein Kommentar im deutschen Presseheft, der in der einen oder

Auf Werbetournee für ›Conan the Barbarian‹.

anderen Variation in zahlreichen Zeitschriften wiedergekäut wurde. »Er ist wie ich, ein sehr physischer Charakter. Er denkt nicht über etwas nach und tut es dann auch, nein, er macht es sofort! Er handelt, bevor er denkt, und das gefällt mir.«

Von dieser Direktheit findet sich im hoffnungslos überfrachteten Endprodukt indes recht wenig. *Conan the Barbarian* ist wenig mehr als die Fortschreibung von *Star Wars* mit anderen Mitteln, ein »Mischmasch aus griechischer und nordischer Mythologie, fernöstlicher Epen und Wagner-Opern, aktuellen Anspielungen (Blumenkinder und Mun-Sekte) und Anleihen beim Fantasy-Zeichner Frank Frazetta«[18]; von George Lucas' Weltraumoper unterscheidet sich *Conan* allenfalls dadurch, daß er stets wichtiger wirken will, als er ist. Das reicht von einem plakativen Nietzsche-Zitat (»Was uns nicht umbringt, macht uns stärker«) über schwülstige Dialoge und prätentiöse Anspielungen auf die Leidensgeschichte Christi bis hin zu der pompösen Musiksauce eines Basil Poledouris, der den Film in einem fort zur Oper machen möchte. Nicht einmal der Titelheld selbst entgeht dabei der Gefahr, zum bloßen Träger von Milius' ureigensten Vorstellungen reduziert zu werden; das Rachemotiv in *Conan* bleibt im Grunde letztlich Beiwerk für den eigentlichen Konflikt des Films. »Du mußt das Geheimnis des Stahls enträtseln, Conan«, heißt es etwa in der ersten Szene, »traue nichts und niemandem als dem Schwert«. »Die Macht des Fleisches überwiegt die Macht des Stahls bei weitem«, wird Thulsa Doom sehr viel später kontern, bevor er am Ende doch durch die Macht des Stahls vom Thron gestürzt wird. Tatsächlich geht es in *Conan* jedoch nicht so sehr um den Krieg zwischen Fleisch und Schwert (die sich in der Titelfigur ohnehin ideal ergänzen) als um den alten Konflikt zwischen Fremdbestimmung und Eigenbestimmung: *Conan* ist nicht so sehr ein Film *gegen* Religion und Sektenunwesen als ein Film *für* den Rückzug in den eigenen Körper, und der große Unterschied zu früheren Abhandlungen war allein die Totalität von Conans Anspruch.

Gerade zu Beginn der Achtziger mußte eine solche Botschaft auf fruchtbaren Boden fallen: »Der neue Barbar antwortet auf den apokalyptischen Zustand der Welt mit einer Verstärkung und semiotischen Aufwertung des Alten, des einzigen, was ihm geblieben ist. Er modernisiert es nicht allein durch seine Überbewaffnung und seine athletische Überzeichnung, sondern auch in der Art, den Körper zu präsentieren, als stelle er eine Werbebotschaft

Die Monotonie des Ausdrucks zum Zeichen eines neuen Körperbewußtseins gemacht - ›Conan the Barbarian‹.

dar. Dieser Held ist die andere, nicht minder problematische Seite der durch die neuen elektronischen Mittel initiierten dritten industriellen (und rüstungstechnologischen) Revolution ... Den Teil der Menschen, die an dieser Macht keinen Anteil haben, ihre Sprache nicht sprechen können, bleibt nichts anderes übrig, als den Körper so zu mechanisieren, zu bezwingen, wie die anonyme Macht das Leben mechanisiert, bezwungen hat.«[19]

Zu einem vollends gültigen Star machte *Conan* seinen Hauptdarsteller allerdings erst durch die Art, mit der Arnold Schwarzenegger diesem Zwang begegnete. Im Gegensatz zu Sylvester Stallone – 1982 war auch das Jahr von *First Blood* (Rambo) – sah er in diesem Rückzug keineswegs einen Defekt, den es irgendwie zu entschuldigen galt. Und wenn dieser Rückzug auch verbunden sein mochte mit einer gewissen Monotonie des Ausdrucks, wie vor allem die Kritiker nach der Premiere von *Conan* immer wieder bemängelten, war die Frage nach »schauspielerischem Können« doch schlicht irrelevant, solange der Rückzug als solcher glaubhaft blieb. Gerade hier hatte Arnold Schwarzenegger indes den immensen Vorteil seiner Vergangenheit: Als Körperheld wirkte er stets ehrlicher als seine Kollegen, weil er sich den Körper eben *nicht* - wie Stallone oder auch »Superman« Christopher Reeve – eigens und ausschließlich für die Rolle zugelegt hatte. Die Werbung tat dann noch ihr übriges, in dem sie auch jenen, die es eigentlich gar nicht interessierte, wieder und immer wieder einbleute, daß es *der siebenfache Mister Universum* war, den sie hier in der Titelrolle zu sehen bekamen. So zeigte sich denn auch niemand sonderlich überrascht, als Arnold noch vor der Premiere verkündete, daß er bereits den Vertrag für fünf weitere Conan-Filme unterschrieben habe.

Ungleich überraschender kam dagegen das kommerzielle Abschneiden des Films, der nach überragenden Startergebnissen sehr schnell wieder in der Versenkung verschwand. Weder war *Conan the Barbarian* in Deutschland erfolgreicher als *E.T.*, wie Schwarzenegger in seiner Autobiographie behauptet - tatsächlich erreichte der Film nur mit viel Mühe die Dreimillionen-Grenze – noch zählte er in den USA zu den zehn erfolgreichsten des Jahres; tatsächlich blieb der 19 Millionen Dollar teure *Conan* mit 23 Millionen Dollar Nettoeinspiel weit hinter solchen Perlen der Filmkunst wie *The Best Little Whorehouse in Texas* (Das schönste kleine Freudenhaus in Texas) und *Porky's* (Porky's) zurück.

Womöglich hatte das schwache Abschneiden des Films auch damit zu tun, daß Milius den Helden nicht völlig ungebrochen ließ (am Ende sitzt Conan allein auf den Stufen von Thulsa Dooms Tempel und wirkt ein wenig ratlos – er gehört endlich voll und ganz sich selbst, doch dafür ist auch seine Geschichte vorbei). Am neuen Status Arnold Schwarzeneggers änderte das kommerzielle Schicksal von *Conan the Barbarian* indes nur wenig: Seine Filmkarriere hatte die seit langem vergeblich gesuchte Initialzündung erfahren.

Wie um den beruflichen Siegeszug zu unterstreichen, brachte das darauffolgende Jahr noch einen persönlichen Triumph. Arnold hatte sich schon seit einiger Zeit um die amerikanische Staatsbürgerschaft bemüht, dachte jedoch nicht daran, deshalb auch seinen österreichischen Paß aufzugeben. Eine solche doppelte Staatsbürgerschaft war zumindest ungewöhnlich. Als sich abzeichnete, daß der »normale Dienstweg« in einem solchen Fall nicht das gewünschte Resultat bringen würde, wandte er sich schließlich an seinen alten Freund aus Jugendtagen, Karl Gerstl. Der Lokalpolitiker setzte sich bei seinem Landeshauptmann Josef Krainer für Arnold ein, der ihm den Wunsch zu guter Letzt erfüllte. Am 16. September 1983 legte Arnold Schwarzenegger zusammen mit zweitausend anderen Immigranten im Shrine Auditorium von Los Angeles den Eid auf die amerikanische Flagge ab. Sich der

Mit Maria Shriver und der lange begehrten Urkunde – Am 16. September 1983 wurde Arnold endgültig Amerikaner.

Publicity-Möglichkeiten nur zu bewußt, gab er sich in den nächsten Monaten bewußt patriotisch und lobte immer wieder den *american dream*. »In Europa haben die Menschen Millionen von Gründen, warum sie es nie schaffen werden«, erklärte er in einem Interview mit *Time*. »Die Amerikaner besitzen eine wundervolle Geschichte stetigen Wachstums. Als ich nach Amerika kam, kam ich mir vor wie im Himmel. Es war das Schönste, was mir je passiert ist.«

Unweigerlich kamen in der Folge Gerüchte auf, wonach Arnold Schwarzenegger politische Ambitionen habe und möglicherweise demnächst für den Senat kandidieren werde. Ursache der Gerüchte war wohl sein Besuch auf dem Parteitreffen der Republikaner in Dallas, wo er in seiner Rede verkündet hatte, wie stolz und glücklich er doch sei, bei seinem ersten Wahlgang in der neuen Heimat für einen Präsidenten wie Ronald Reagan stimmen zu dürfen. Arnold selbst stritt derlei Ambitionen regelmäßig ab. »Das interessiert mich nicht. Ich liebe die Politik, verstehen Sie mich nicht falsch. Es ist ungeheuer wichtig, die Zukunft des Landes aktiv mitzugestalten. Aber ich liebe den Job, den ich gerade habe. Und ich lege Wert auf eine gewisse Freiheit (...) Obwohl ich die Menschen bewundere, die sich für einen solchen Posten bewerben, kann ich mir beim besten Willen nicht vorstellen, selbst ein solches Risiko zu übernehmen und die ganzen Opfer zu bringen, die man diesen Leuten abverlangt.«[20]

Kurz nach seiner Einbürgerung reiste Arnold für die Dreharbeiten zu *Conan the Destroyer* nach Samalayuca, Mexiko. Wieder hatte es dabei im Vorfeld etliche Querelen gegeben. Nachdem der erste Teil bei der wichtigsten Zielgruppe, den Conan-Fans, nicht sonderlich gut angekommen war, hatte Dino de Laurentiis darauf bestanden, keine von Milius' Figuren außer Conan selbst für die Fortsetzung zu übernehmen. Überdies sollte der Held statt als Einzelkämpfer diesmal als Teil einer Gruppe erscheinen, was aus Kontrastgründen wiederum zu einer recht exotischen Besetzung führte, darunter die Sängerin Grace Jones und der Basketballstar Wilt Chamberlain. Für kurze Zeit stand Danny de Vito im Gespräch für den Part des flinken Diebes Malak, bevor man sich dann doch für Tracey Walter entschied. Ein erster Drehbuchentwurf von Roy Thomas und Gerry Conway erwies sich als zu comichaft und in seinem Humor zu juvenil, worauf man das Skript zur Überarbeitung an Stanley Mann weiterleitete. Jener änderte

Diesmal im Team gegen das Böse aus der Vorvergangenheit – Mit Tracey Walter, Mako, Grace Jones, Olivia D'Abo und Sarah Douglas in ›Conan the Destroyer‹.

einige Dialogpassagen, erhielt jedoch zum Schluß den vollen Credit, was wiederum Thomas und Conway dazu veranlaßte, einen Prozeß bei der Autorengilde anzustrengen. Schließlich schied dann noch der ursprünglich vorgesehene Regisseur Roger Donaldson aus und machte dem Veteranen Richard Fleischer Platz.

Wie schon für den ersten Teil hatte Arnold ausgiebig trainiert, zumal Regisseur Richard Fleischer bei seiner ersten Begegnung dem verblüfften Star mitgeteilt hatte, doch ein wenig *mehr* Muskeln aufzulegen. »In Milius' Film habe ich ihn einfach für zu milde gehalten. Arnold sah aus wie ein großer, kräftiger *Durchschnitts*typ. Ich habe ihm dann gesagt, daß ich gerne etwas mehr Muskeln an ihm sehen würde, aber wiederum nicht soviel, daß sie den Blick auf alles andere versperrten. Die Muskeln sollten einfach da sein und sehr mächtig wirken – er sollte anders als jeder normale Mensch, aber eben auch nicht wie ein Bodybuilder aussehen.«[21]

Anders, das ist auch das Schlüsselwort für den gesamten Film; nur selten hat es in der Geschichte des Kinos eine Fortsetzung gegeben, die so radikal mit ihrem Vorläufer brach wie *Conan the Destroyer*. Fleischers Fantasy ist zweifellos kurzweiliger und wesentlich genießbarer als Milius' Gewaltoper, letztlich aber auch ungleich konventioneller. Positiv zu vermerken ist zweifellos der ungleich stärkere Einbezug phantastischer Elemente, die sich bei Milius allenfalls auf eine kurze Hommage an *Kwaidan* beschränkten, sowie Jack Cardiffs Bilder, die das Geschehen aus dem ausgebleichten, zu realen Botschaftsland Thulsa Dooms zurück in ein eher romantisches Naturzeitalter führen, das streckenweise deutlich an die Traditionen eines Vittorio Cottafavi anknüpft. Andererseits läuft sich das Quest-Motiv des Drehbuchs sehr rasch tot, und auch der Held an sich kehrt vom totalen Egoisten des ersten Films zu einem eher klassischen Typus zurück. In *Conan the Destroyer* darf der Titelheld schon einmal zugeben, daß ihm Magie nicht ganz geheuer ist; sogar eine gewisse Selbstlosigkeit darf er gegen Ende an den Tag legen, als er ohne die Aussicht auf irgendeine Belohnung in das Schloß der bösen Königin zurückkehrt, um deren Nichte vor dem Opferstein zu retten. Zudem teilt das Drehbuch Arnold Schwarzenegger sehr viel mehr Dialoge zu, gestattet ihm eine größere Bandbreite von Emotionen und reichlich Humor – etwa dann, als er sich verlegen bei dem Kamel entschuldigt, das er im ersten Film k.o. geschlagen hat. Dem Star gelingen dabei einige recht komische Szenen, unübersehbar bleibt aber auch, daß er für diese direkte Art der Ironisierung – wenigstens zum damaligen Zeitpunkt – kaum das rechte schauspielerische Inventar besitzt. So rutscht ein Großteil dieser Szenen in bloßes Chargentum ab, am deutlichsten vielleicht noch in jener Sequenz, als Conan sich die Hucke vollaufen läßt. Schwarzenegger gibt sich redlich Mühe, den Besoffenen zu mimen: Er kneift die Augen zusammen, verbuchselt die Wechstaben und darf sich gegen Ende selbst k.o. hauen, übertreibt dabei jedoch so maßlos, daß sich sein »Spielen« förmlich aufdrängt.

Letztlich wurde *Conan the Destroyer* den Geschichten Howards ebenso wenig gerecht wie sein Vorläufer, aus der Warte des Hauptdarstellers gar erinnert Fleischers Film an nichts so sehr wie an einen Versuch, den Geist Reg Parks (und den von *Hercules in New York*) ein für allemal zu exorzieren. Die Spekulation ist sicher müßig, aber dennoch: Wäre *Conan the Destroyer* vor *Conan the Barbarian* gestartet, hätte Arnold Schwarzeneggers Filmkarriere vermutlich einen radikal anderen Verlauf genommen.

Immerhin demonstrierte Fleischers Film durch die Vielzahl seiner Dialoge einem breiten Publikum erstmals jene Seite seines Images, die in englischsprachigen Ländern mittlerweile ebenso zu Arnolds Markenzeichen gehört wie sein Körper. In seinem Mund verwandelte sich ein simpler Satz wie »She sits by the side of my God« in eine abenteuerliche Lautsuppe, die mit »Schi zits baizezait ov mai Gahd« phonetisch nur recht ungenau wiederzugeben ist. Tatsächlich ist der berühmte Schwarzenegger-Akzent nur schwer in Worte zu fassen, man sollte ihn zumindest einmal selbst

Von Nietzsches Übermenschen zum Indiana Jones der Vorzeit – ›Conan the Destroyer‹.

gehört haben, da er sich vom landläufigen Klischee des »eng-lischsprechenden Österreichers« in einigen Nuancen durchaus unterscheidet: So wirkt seine Sprachmelodie ebenso hundertpro-zentig amerikanisch wie seine Kehllaute, die Betonung auch un-üblicher Slangs und Idiome ist perfekt. Zischlaute freilich – und hier insbesondere das »TH« – betont er so grotesk fremdartig, daß es fast schon wie eine Parodie auf den einschlägigen Akzent wirkt. (Tatsächlich findet sich in allen seinen Filmen bis *Twins* eine eingeschobene Erklärung, weshalb der angebliche Amerikaner ein so bizarres Englisch spricht; erst *Total Recall* verzichtet auf eine solche Erklärung.)

Erstaunlich ist der Akzent insofern, da Arnold zum Zeitpunkt von *Conan the Destroyer* bereits seit fünfzehn Jahren in den USA lebte und mit Hilfe eines der in Hollywood so zahlreich vorhandenen Sprachtrainer diesen Akzent eliminieren oder zumindest auf den Level anderer deutschsprachiger Schauspieler wie etwa Jürgen Prochnow (*Dune, Beverly Hills Cop 2*) hätte herunterschrauben können. Daß er dazu durchaus in der Lage wäre, beweist nicht zuletzt *Red Heat*, für den er sich in einem dreimonatigen Training ein durchaus passables Russisch angeeignet hat. So liegt die Vermutung nahe, daß Arnold diesen Akzent bewußt forciert, was er in einem Spiegel-Interview 1991 dann auch quasi zugab. »1976 hat Seven-Up mich für einen Werbespot getestet. Wissen Sie, woran das gescheitert ist? An meinem deutschen Akzent. Die Meinungsforscher haben ermittelt, daß dieser Akzent die Leute erschrecke. Vierzehn Jahre später ist dieser Akzent kein Hindernis mehr, sondern ist zu einem Vorteil geworden. Ich spreche nicht wie einer dieser Typen in den Kriegsfilmen, der ›Achtung‹ bellt oder ›raus, raus‹, ›schnell, schnell‹ kommandiert, meine Sprache, mein Akzent haben sich verselbständigt und eine eigene Identität gefunden. Die Kids finden das toll. Sobald ich bei meinen Vorträgen in den Schulen über das Fitneß-Programm, über die Notwendigkeit des Sports zu sprechen beginne, jubeln die Kids über den Schwarzenegger-speak. Der erinnert sie nicht an Krieg, sondern an Apfelstrudel, Wiener Schnitzel und Bier, die schönen Seiten des Lebens. Überdies fühlen die Leute: Arnold ist einer von uns, nicht einer der Hollywood-Typen.«[22]

Wahrscheinlicher dürfte freilich sein, daß Arnold seinen Akzent deshalb nicht ausmerzt, weil er so perfekt ins Image des Körper-helden paßt. Tatsächlich macht sein Akzent die zynischen Bemer-

Etwaige Mängel im schauspielerischen Ausdruck durch zynische Bonmots und einen streng teutonischen Akzent kompensiert – Arnold mit einem mimisch ähnlich gehandicapten Kollegen aus der ›Unendlichen Geschichte‹.

kungen glaubhaft und entschärft sie doch zugleich ein wenig, in dem er auf das *make believe* der jeweiligen Situation zurückverweist. Sylvester Stallone ist hier einmal mehr ein gutes Gegenbeispiel: Wo die in lupenreinem Nuschelenglisch aufgesagten Bonmots in *Cobra* nurmehr menschenverachtend wirken, korrespondiert in Schwarzeneggers Bemerkungen das unerhörte Was mit dem unerhörten Wie und liefert so zumindest einen Hörhinweis, daß alles vielleicht doch nicht so ernst gemeint ist. Dafür spricht im übrigen auch die Reaktion einiger deutscher Kritiker, die nicht müde werden, dem von Thomas Danneberg sehr hochdeutsch synchronisierten Schwarzenegger seine »dummen, menschenverachtenden Sprüche« vorwerfen. (Ein Ausweg aus diesem Dilemma wäre natürlich, Arnold sich selbst synchronisieren zu lassen, doch hat der Schauspieler seit Beginn seiner Karriere davor stets zurückgeschreckt. Nicht ganz zu Unrecht übrigens: Während ein deutscher Akzent in Amerika neben einem Touch von Skrupellosigkeit und Menschenverachtung dank *Hogan's Heroes* immer auch einen gewissen Hanswurst-Effekt, einen eingebauten Unernst enthält, dürfte ein österreichischer Akzent in einem hochdeutsch gesprochenenen Film für Arnolds Image eher fatale Assoziationen an bäuerliche Dinge heraufbeschwören.)

Zum Vorteil gereichte ihm der ausgeprägte Akzent erstmals in seinem nächsten Film, dessen Dialogzeile »I'll be back« (oder in Arnolds Variante: »Eill bi päkk«) sich rasch zum geflügelten Wort entwickelte. Arnold hatte ursprünglich für die Rolle des Kyle Reese vorgesprochen, sich dann jedoch für den Part des Cyborgs aus der Zukunft entschieden, der die Mutter eines künftigen Rebellenführers vor der Geburt ihres Sohnes ermorden will; laut Arnolds Bekunden ging die Entscheidung vor allem auf die Accessoires der Rolle zurück, das Gewehr mit Zielsuchlaser und die echte Uzi, die auf dem Set übrigens von zwei FBI-Agenten bewacht wurde. Einmal mehr täuschte ihn sein Gespür dabei nicht: Während *Conan the Destroyer* mit seinem vermenschlichten Helden im Sommer 1984 zu eher mäßigen Zahlen anlief, entwikkelte sich *The Terminator* zum Sleeper des Jahres.

Tatsächlich ist James Camerons zweiter Film ein fulminantes Actionwerk, das dem Zuschauer kaum Gelegenheit zum Atemholen läßt. Das liegt zum einen an den exzellent geschnittenen Stunts und der pulsierenden Musik Brad Fiedels, mehr noch aber an der völligen Identität von Dramaturgie und Thema. Wie der Terminator selbst, läßt auch das Drehbuch niemals locker, serviert statt eines einzelnen Klimax eine regelrechte Kaskade von Höhepunkten, wobei Cameron der Gefahr einer bloßen mechanischen Aneinanderreihung freilich sorgsam aus dem Wege geht. *The Terminator* war der erste wirksame Gegenentwurf zu den emotionalen Mustern eines Steven Spielberg, die das Genre in den Siebzigern und frühen Achtzigern regelrecht usurpiert hatten. Wie Spielberg setzt auch der ehemalige Corman-Schüler Cameron die modernsten filmtechnischen Mittel zur Erzeugung eines sehr einfachen Gefühls ein; im Gegensatz zu diesem manipuliert er sein Publikum jedoch nicht augenzwinkernd oder gar, wie John Carpenter, aus schierer Freude an der Manipulation an sich. Camerons Taktiken bleiben restlos zweckgebunden, wie der Terminator selbst gezeichnet weder durch »Mitleid noch Reue noch Furcht«.

Ein Großteil der Kritik monierte denn auch prompt den durch und durch »maschinellen« Charakter des Films. »Mit solchen Monstren fertig zu werden«, schrieb Claudius Seidl in der *Süddeutschen Zeitung*, »brauchte es früher gewiefte Kinohelden und phantasiebegabte Drehbuchautoren. Heute überläßt man so etwas den Special-Effects-Technikern. Filme wie *Der Terminator* nähren den Verdacht, daß die Maschinen längst die Macht übernommen haben, zumindest die in Hollywood.«

So bemerkt man erst bei mehrfachem Ansehen die Intelligenz hinter dem zunächst so funktional erscheinenden Drehbuch.

Gegenentwurf zum freundlichen Lichterkino Steven Spielbergs –
›The Terminator‹.

61

Bezüge auf das Neue Testament (der künftige Messias, der seine eigene Geburt inszeniert) finden sich darin ebenso wie ein recht cleveres Spiel mit Zeitparadoxa, in dem Ursache und Wirkung schlichtweg vertauscht werden (der zukünftige Abwehrnetzcomputer sendet den Terminator in die Gegenwart, um die Geburt seines Feindes zu verhindern, macht die Geburt damit aber überhaupt erst möglich, weil die Rebellion nun ihrerseits einen Beschützer in die Vergangenheit entsenden muß, der sich dann als Vater des Feindes herausstellt) und das mehr noch als die Oberflächendramaturgie dem Film die für das Genre so markante Kreisform aufdiktieren. Unübersehbar schließlich auch der erotische Subtext: Man braucht gar nicht so weit zu gehen wie Constance Penley, die in dem Verhältnis zwischen Linda Hamilton und ihrem Retter Michael Biehn einen Schatten der freudschen *primal fantasy* zu sehen meint; bereits eine Szene gegen Ende des Films, als Linda Hamilton langsam ein Schrapnell des explodierten Terminators aus der Hüftgegend zieht, läßt an Deutlichkeit nichts zu wünschen übrig.

Wegweisend für das NBF-Genre, wie es Fred Glass sieben Jahre später in der Fachzeitschrift *Film Quarterly* bezeichnen sollte (das Akronym steht für »New Bad Future«), war *The Terminator* allerdings nicht nur durch seine Mahnungen vor einer Maschinendiktatur der Zukunft; eine Zukunft, die im Film selbst ohnehin nur in drei kurzen, wenn auch sehr markanten Traumsequenzen vorkommt. Wichtiger war, daß er diese fiktive Zukunft nicht einfach nur postulierte, wie es das Gros der SF-Filme (*Logan's Run/Flucht ins 23. Jahrhundert*) bisher getan hatte. Statt dessen lieferte Cameron konkrete Entstehungshinweise aus dem Hier und Heute: Die künftigen Kampfgleiter spiegeln sich nach einem vierzig Jahre überspannenden Schnitt in der Ladevorrichtung eines Müllasters; das für das Genre so typische Stahlblau einer tristen Zukunft, in dem mächtige Panzerketten über eine Schar von Totenköpfen rollen, reflektiert sich im düsteren Blau der Straßenbeleuchtung eines Los Angeles, dessen Straßen kaum mehr von »normalen Menschen« bevölkert zu sein scheinen. Immer wieder agieren in *The Terminator* Maschinen gegen den Menschen: Zweimal verrät das Telefon dem Cyborg den derzeitigen Aufenthaltsort von Sarah Connor, einmal verhindert ein Telefonpiepser seine vorzeitige Entdeckung. So erscheint das Problem der Maschine in Camerons Film immer auch als ein

Die Maschine aus der ›New Bad Future‹ – James Camerons ›The Terminator‹ machte Arnold zum Mega-Star.

Problem der Kommunikation, eines Problems jedoch, dessen Wurzeln keineswegs in irgendeiner »generellen« Unfähigkeit zur Kommunikation seitens der Maschinen oder der Menschen liegt. *The Terminator* bleibt auch in diesem Punkt dichter an der erfahrbaren Wirklichkeit, ortet die Wurzeln in der enormen Schnelligkeit dieser Kommunikation. »Die Computer haben unser Schicksal in einer Mikrosekunde entschieden«, sagt Michael Biehn an einer Stelle. »Totale Vernichtung.«

Auf eindeutige Schuldzuweisungen verzichtet das Drehbuch dabei jedoch. So hebt sich *The Terminator* von billigen Folgefilmen wie *Trancers* vor allem dadurch ab, daß die Maschine nicht aus sich heraus böse ist, sondern lediglich das Potential zum Mißbrauch enthält. »Tech Noir«, der Name der Discothek, in dem Linda Hamilton ihre erste Begegnung mit dem Terminator hat, ist für diesen Ansatz ein sehr gut gewählter Begriff. Immerhin sind es letztlich doch Maschinen, genauer gesagt: eine Metallpresse, die Linda Hamilton zum finalen Sieg über ihre Nemesis verhelfen.

The Terminator war jener intelligente kleine Film, den Arnold Schwarzenegger bislang vergeblich gesucht hatte; mehr noch als Conan bedeutete die Rolle des Cyborgs für ihn den endgültigen Durchbruch zum »gültigen« Star. An der Oberfläche mochte das damit zu tun haben, daß der Part seinen schauspielerischen Fähigkeiten sehr entgegenkam. Wo selbst eine Rolle wie Conan immer noch ein gewisses Einfühlungsvermögen in die Figur erfordete, wodurch sich auch die Grenzen seines mimischen Talents relativ rasch offenbarten, verlangte der Terminator nichts weiter als eine starre Maske.[23] Dem Schauspieler Arnold Schwarzenegger kam dieser totale Deadpan insofern sehr entgegen, als daß er an Vorbereitungen lediglich etwas erforderte, was er sich in langen Jahren des Bodybuilding immer wieder angeeignet hatte: Strenge Disziplin.

Entscheidender für Arnolds weitere Karriere war jedoch der Wandel seines Images. Hatte er bislang den Helden gespielt, der sich in die Festung seines Körpers zurückgezogen hatte, um sich gegen die dritte industrielle Revolution abzuschotten, entlarvte *The Terminator* die Gefahren eines solchen Rückzugs. Constance Penley bemerkte, daß der seit seiner Haut entkleidete Cyborg sehr viel Ähnlichkeit mit den Nautilus-Maschinen aufweist, an der Bodybuilder einen Großteil ihrer Zeit verbringen. Tatsächlich ist die wesentliche Bewegung des Films nicht das Aufeinanderzu von Linda Hamilton und Michael Biehn als die Reduktion des Terminators von einer völlig nackten, in ihrem Aussehen von keinem anderen Körperhelden zu unterscheidenden Gestalt zu einem metallenen Chassis. Es ist im übrigen eine sehr systematische Reduktion, die den Gesetzen des Genres zufolge mit dem »menschlichsten« Teil beginnt, dem Auge. Die wohl denkwürdigste Szene des gesamten Films zeigt, wie der Terminator mit einem Messer seinen künstlichen Augapfel herausschneidet.

In gewisser Hinsicht war *The Terminator* so ein Film *gegen* den Körperkult im Kino, weil er recht eindeutig klarmachte, daß sich in einer solchen Bewegung auch die Unterschiede verwischten, jene zwischen Mensch und Maschine ebenso wie jene zwischen Mann

*Die Reduktion des Körpers zur Maschine in drastischen Bildern illustriert –
›The Terminator‹.*

und Frau. Als Linda Hamilton ihren Retter an einer Stelle fragt, wie denn die Frauen in dieser neuen Zukunft wären, erhält sie zur Antwort: »Gute Kämpferinnen«. Bezeichnend ist in diesem Zusammenhang letztlich auch, daß der Terminator den ganzen Film über in einem typischen Punker-Outfit zu sehen ist: Nicht nur die Festung Körper, so die unterschwellige Botschaft dieser Bilder, sondern auch die Zeichen des Punk haben einiges mit dem gemein, gegen das sie eigentlich rebellieren.

The Terminator hatte Arnolds Leinwandimage endgültig über den Bereich des bloß Menschlichen hinausgehoben, und so war es nur zu verständlich, daß er kein sonderliches Interesse an einem Rückschritt in die Gefilde des Barbarenfilms hatte. Der Vertrag mit Dino de Laurentiis war indessen wasserdicht: Am 24. September 1984 begannen unter der Regie von Richard Fleischer in den römischen Pontini-Studios die Dreharbeiten zu *Red Sonja* (Red Sonja), einem weiblichen Pendant zu den *Conan*-Filmen. Als Hauptdarstellerin hatte sich De Laurentiis die Dänin Brigitte Nielsen auserkoren, die er angeblich auf dem Cover eines Modemagazins entdeckt hatte.

Schon nach einigen Tagen flogen die Gerüchte: Arnold sollte sich auf ein Verhältnis mit seiner Partnerin eingelassen haben. Die Regenbogenpresse hatte ihre Sensation und berichtete in der Folge atemlos über die neuesten Entwicklungen des Falles: Mal sollte Arnolds Mutter Aurelia bei einem Set-Besuch den Sohn in entsetztem Ton vor dieser »unmöglichen Person« gewarnt haben. Dann wiederum sagte man Maria Shriver nach, daß sie einige Stabmitglieder angewiesen habe, Arnolds römisches Privatleben bis ins kleinste Detail unter die Lupe zu nehmen. Wie so oft, verflogen die Gerüchte jedoch so rasch, wie sie entstanden waren: Am 11. Januar 1985 flog Arnold allein zurück nach Amerika, wo er wenig später mit den Dreharbeiten zu seinem nächsten Film *Commando* begann.

Als *Red Sonja* im darauffolgenden Sommer anlief, blieben die Kritiken größtenteils vernichtend, die Kassenergebnisse miserabel. In der Tat war es Fleischer nicht gelungen, die heftig divergierenden Stile seiner Darsteller unter einen Hut zu bringen. Auch die durchaus pittoresken, wenn auch unterbevölkerten Bauten Danilo Donatis und einige gelungene Matte-Gemälde Albert Whitlocks halfen nur selten über die holprige Erzählweise und die völlig unpassende Musik Ennio Morricones hinweg.

Triumph über den gequälten Feminismus des Drehbuchs – Mit Brigitte Nielsen in ›Red Sonja‹.

Obwohl im Vorspann an erster Stelle genannt, blieb Arnold Schwarzenegger in diesem mißglückten Epos wenig mehr als ein Nebendarsteller, der immer dann die Situation retten durfte, wenn die eigentliche Hauptdarstellerin nicht mehr weiter wußte; ein

Mit Brigitte Nielsen in ›Red Sonja‹ – In atemlosem Ton berichtete die Klatschpresse von ihrer angeblichen Affäre während der Dreharbeiten.

Dreh, der die gequält feministische Attitüde des Drehbuchs sehr schnell ad absurdum führte. Seiner Pflichtübung entledigt sich der Schauspieler dabei mit einer spürbaren Lustlosigkeit, die neben der restlos hölzernen Brigitte Nielsen und der enervierenden, vorgeblich humorvollen Aufdringlichkeit Ernie Reyes jrs. durchaus ihren Effekt hatte, aber kaum das war, was seine Fans von ihm erwarteten. Letztlich machte *Red Sonja* so vor allem eines klar: Die Zeit des Barbaren, der endlosen Neuauflagen von Reg Park, war endgültig vorbei. Zu sehr hatte *The Terminator* das Leinwandbild des Arnold Schwarzenegger bereits modifiziert und modernisiert, als daß der Körper in der Vorvergangenheit noch irgendeine Botschaft tragen konnte. Es war an der Zeit für den Sprung in die Gegenwart.

Konter gegen Rambo

»Mit Sylvester Stallone kann ich einfach nichts anfangen.
Ich tue alles Menschenmögliche, um nett und freundlich zu dem
Typ zu sein, aber er strahlt einfach zuviel Negatives aus. Was er
auch tut, immer kommt am Ende Mist heraus (...)
Hören Sie, er hat die besten Publicityleute auf der ganzen Welt
angeheuert und nicht mal die konnten sein Image wieder
zurechtbiegen. Es gibt ganz einfach niemanden, der irgendwie
seinen Arsch und sein Image retten könnte.«

Arnold Schwarzenegger

1985 war jenes Jahr, in dem der Körperfilm ein für allemal seine Unschuld verlor. Im Mai angelaufen und von allen maßgeblichen Kritikern in Grund und Boden gestampft, kletterte *Rambo – First Blood II* (Rambo 2 – Der Auftrag) des bis dahin eher anonymen Regisseurs George Pan Cosmatos in Windeseile über die Sphäre des Events hinaus in die Gefilde eines neuen Mythos. Stallones Versuch an einer Dolchstoßlegende spiegelte die offensive Politik Ronald Reagans ungebrochen wieder, was der damalige Präsident durch eine persönliche Einladung an den Star noch demonstrativ unterstrich. Für den ehemaligen Rocky, der zu Beginn der Achtziger nach einer Serie drastischer Flops wie *Nighthawks* (Nachtfalken), *Escape to Victory* (Flucht zum Sieg) und *Rhinestone* (Die Senkrechtstarter) aus dem Bewußtsein der Masse so gut wie verschwunden war, bedeutete der Erfolg von *Rambo II* ein enormes Comeback.

Auf einmal sah sich Arnold, der bis zu diesem Zeitpunkt das Genre des Körperfilms relativ unangefochten regiert hatte, in die Defensive gedrängt. Der Star der Stunde hieß Stallone, und das ärgerte ihn. Dabei waren es nicht einmal so sehr die politische Position des Films, die ihm, dem eingeschworenen Republikaner, so sehr mißfiel. Wie so viele andere Kinobesucher hegte auch er den klammheimlichen Verdacht, daß die unübersehbare ideologische Komponente weniger Stallones Glauben als knallharter Kalkulation entsprungen war. »Wahrscheinlich bringen wir in *Commando* mehr Leute um als Stallone in *Rambo II*«, erklärte er gegenüber dem Journalisten Ian Harmer. »Der Unterschied ist nur, daß wir nicht vortäuschen, das Ganze aus patriotischem Stolz zu tun. Diese ganze Fahnenwedelei ist reiner Blödsinn.« Auf einmal hatte Arnold ein neues Ziel vor Augen, und obwohl es sicher übertrieben wäre, vom Beginn einer wunderbaren Feindschaft zu sprechen, nahmen sich seine nächsten fünf Filme doch wie klammheimliche Versuche aus, dem neuen Helden Amerikas Konter zu geben.

Commando ist unter diesen Versuchen dabei der zweifellos direkteste. Obschon unpolitischer, geht Mark L. Lesters Actionorgie doch kaum weniger demagogisch zu Werke als *Rambo II*. Noch vor den Titeln zeigt der Film drei Morde, die an Brutalität und Willkür kaum zu unterbieten sind: Ein braver Staatsbürger wird von zwei Müllmännern auf offener Straße erschossen, ein harmloser Autoverkäufer überfahren, ein Fischer samt Boot in die Luft

Die Wirklichkeit vom Bugrad eines Flugzeugs aus verlassen – ›Commando‹.

gesprengt. So wie sie aufgenommen sind, sind die Verbrechen
einfach zu groß, als daß ein normaler Polizist mit ihnen fertig
werden könnte, und folgerichtig blendet der Film in der nächsten
Einstellung über auf den Bizeps des einzigen Mannes, dem man
ein solches Wunder noch zutrauen könnte. Es ist, natürlich,
Arnold Schwarzenegger, der hier den Namen John Matrix trägt.
Zur besseren Identifikation verschreibt ihm das Drehbuch noch
einige idyllische Szenen mit der Tochter, eine blutige Schießerei
und eine Entführung später springt Matrix bereits vom Bugrad
eines startenden Flugzeugs in einen kleinen See und landet
unversehrt. Spätestens hier verläßt *Commando* dann endgültig
jede Realität und zieht sich in das Nimmerland des Actionkinos
zurück. In der Folge reißt Matrix Telefonzellen eigenhändig aus
ihrer Verankerung, donnert mit einem Gabelstapler durch das
Schaufenster eines Waffengeschäfts und schießt im furiosen Klimax aus zehn Metern Entfernung eine schwerbewaffnete Elitetruppe über den Haufen, ohne daß er selbst auch nur einen
Kratzer abbekommt.
Allen Anspielungen und Zitaten zum Trotz – als Matrix nackt auf
der Insel seines Gegners landet und sich vor unseren Augen in

Die klassischen Actionmuster in die hypertrophen Strukturen des Körperfilms übertragen – John Matrix im Duell gegen eine hundertfache Übermacht.

eine waffenstarrende Kampfmaschine verwandelt, ist das eine direkte Hommage an den Trailer für *Rambo II* – ist *Commando* aber doch mehr als eine politisch gesäuberte Variante des Stallone-Films. Im Gegensatz zum psychisch defekten Rambo bleibt Matrix ein reiner, ungebrochener Held, der am Ende nicht zusammenbricht, sondern erhobenen Hauptes verkündet, daß es »keine Chance« mehr für einen neuen Auftrag gebe. Und wie der klassische Actionheld begnügt sich Matrix nicht damit, seinen Gegner mit großem Kaliber quasi aus der Ferne in die Luft zu jagen; dieser Held legt großen Wert auf den Zweikampf *mano y mano* und darf schließlich sogar homoerotische Tendenzen an den Tag legen, den Gegner dazu auffordern, ihm das Messer in die Augen zu stecken und darin herumzupuhlen, bevor er schließlich seinen Penis in Form eines Eisenrohrs in den Widersacher bohrt. *Commando* war, mit anderen Worten, die Übertragung klassischer Actionmuster in die hypertrophen Strukturen des Körperfilms. Unter solchen Vorzeichen war der Film natürlich weder ernst zu nehmen, noch war er ernst gemeint. Tatsächlich bringt das Drehbuch von Steven E. de Souza ein erstaunliches Maß an Selbstironie in die Geschehnisse ein. Wieder und wieder darf Matrix in heikelsten Situationen zynische Sprüche ablassen. »Ich mag Sie«, sagt er etwa zu seinem Aufpasser, der ihn auf den Flieger nach Val Verde bringen soll. »Deshalb werde ich Sie als letzten töten.« Lesters Film war der erste, in dem sich Arnold Schwarzenegger bewußt durch solche und ähnliche Sprüche hervortun sollte. Was als Versuch begonnen haben mochte, die langsam laut werdenden Vorwürfe von Gewaltverherrlichung und Menschenverachtung

›Commando‹ – Der entpolitisierte Rambo in Aktion.

abzubiegen, zwei Lieblingsfloskeln vor allem der deutschen Kritik, erwies sich jedoch rasch als notwendige Imagekorrektur. *Conan* und *The Terminator* hatten Arnold Schwarzenegger zum unbesiegbaren Supermann der Vorvergangenheit und postatomaren Zukunft hochstilisiert, ein Image, das zwar in diesen fiktiven Welten ihre Berechtigung hatte, in der realen Gegenwart aber eher langweilig wirken würde. Der Gefahr einer zwangsläufigen Reduktion auf »menschlichere« Maßstäbe entging der Schauspieler, in dem er ihre Notwendigkeit schlichtweg leugnete. Die Sprüche waren dabei nur das alleräußerste Anzeichen eines enormen Selbstbewußtseins, für das selbst die größten Gefahren stets eine kleine Spur zu trivial blieben. Am Ende von *Commando* sagt sich Matrix nicht etwa deshalb von der Armee los, weil sie, wie etwa für John Rambo, zu einem Symbol der Korruption geworden ist. Nicht einmal die klischeehafte Erklärung, die der Film selbst anbietet (Ruhe und Frieden für den Held samt Tochter), scheint da glaubhaft: Im Grunde ahnt man, daß sich Matrix nur deshalb zurückzieht, weil er die ultimate Bedrohung, die Auflösung der Familieneinheit, beiseite gewischt hat und es nun eigentlich keine Herausforderungen mehr für ihn geben kann. Die dafür nötige Überheblichkeit im schauspielerischen Ausdruck wiederum beherrschte Arnold Schwarzenegger mittlerweile perfekt; tatsächlich sind die schwächsten Szenen des Films jene, in denen er so etwas wie Sorge und Liebe für seine Tochter mimen muß. Für einen linearen Actionfilm mit den entsprechenden Zuschauererwartungen war ein solches Konzept natürlich ein wenig zuviel: Am Ende zerbricht *Commando* denn auch sehr deutlich in einen selbstironischen und einen pyrotechnischen Teil, die beide herzlich wenig miteinander gemein haben.

Unter dem Strich war *Commando* so zweifellos ein weniger ärgerlicher Film als *Rambo II*, zugleich aber auch ein weniger wirksamer. Das mochte neben der suggerierten Abgehobenheit des Helden auch mit seiner Herkunft zusammenhängen: Wo Stallone einen archetypischen Amerikaner verkörpert hatte, blieb Arnold allein aufgrund seines Akzents stets ein wenig Außenseiter; in Lesters Film etwa spielt er einen Emigranten aus Ostdeutschland, einen Fremdkörper, dem man kaum zutrauen durfte, eine mythische Überlösung für Amerikas ureigenste Probleme zu repräsentieren.

Auf die lange Sicht war das zweifellos die bessere Lösung: Wo sich

Stallone mit Amerika begnügte, zielte Schwarzenegger auf ein eher internationales Publikum, das – vor allem in asiatischen Ländern – in Scharen zu ihm überlief. Während etwa *Rambo II* in den Philippinen vor seinem Start radikal umsynchronisiert werden mußte (aus Vietnam mach Weltkrieg II, aus den Vietkong Japaner), kann man in dem einen oder anderen Vorortkino von Colombo oder Kandy noch heute auf eine gut besuchte Vorstellung von *Commando* stoßen, wenngleich die Kopie nach sechs Jahren Einsatz mittlerweile deutliche Spuren ihres Alters zeigt.

Fürs erste hatte Arnold das direkte Kontra allerdings verloren: *Commando* spielte in den USA 17 Millionen Dollar ein und blieb damit weit hinter den phänomenalen 80 Millionen des Stallone-Films. So mochte es ihm, wie Wendy Leigh mutmaßt, eine gewisse Genugtuung bereitet haben, daß er seinem Konkurrenten zumindest in privater Hinsicht weit voraus war. Während sich Stallone im Laufe des Jahres 1985 mit Brigitte Nielsen einließ und sich damit in der Folge reichlich Ärger einfing, verlief für Arnold alles genau nach Plan. An seinem 38. Geburtstag fuhr er mit Maria Shriver in seinen Heimatort Thal, wo er in einem Ruderboot auf dem Thalersee die berühmte Frage stellte: »Es war ein herrlicher Tag. Überall um uns lagen hohe grüne Berge. Wir ruderten dahin und ich sagte mir: ›Jetzt oder nie‹. Keiner war da, der uns hätte stören oder unterbrechen können, wie es an anderen Orten so oft der Fall ist. Ich hielt es für ungeheuer romantisch. Also habe ich ihr den Antrag gemacht.«[24]

Am 10. August erfuhr die Presse von der Verlobung, der Termin der Heirat selbst wurde auf den 26. April 1986 festgesetzt. Obwohl Arnold seit mittlerweile neun Jahren mit Maria Shriver befreundet war, die ihrerseits inzwischen einen nicht minder raschen Aufstieg zur Moderatorin der *CBS Morning News* hinter sich gebracht hatte, überraschte die Mitteilung doch den einen oder anderen. In der Folge gab es aus der Klatschpresse einige hämische Kommentare entlang des Tenors »Schwarzenegger ist das Schlimmste für die Kennedys seit Chappaquiddick«, die von allen Beteiligten jedoch geflissentlich ignoriert wurden. Im Oktober begann Arnold mit den Dreharbeiten zu *Raw Deal*, der seinen Ruf als Actionheld der Gegenwart weiter ausbauen sollte, einen Monat später legte er sich für fünf Millionen Dollar eine spanische Villa in Pacific Palisades zu. Als künftiges Mitglied des Kennedy-Clans engagierte er sich auch politisch mehr und mehr. Weltweite Schlagzeilen machte

dabei vor allem sein Einsatz für den österreichischen Präsident-
schaftskandidaten Kurt Waldheim: Seine Bekannte Erika Zim-
mermann hatte den Schauspieler mit dem Architekten Gerhard
Welley bekanntgemacht, dem Repräsentanten der »Jugend für
Waldheim«. Am 12. September erschien in einer Reihe von
österreichischen Zeitungen dann ein offener Brief Arnold Schwarzeneggers, in dem er erklärte, daß Waldheim seiner Ansicht nach
der geeignetste Mann für den Posten sei.

Pikant wurde die Angelegenheit im darauffolgenden März, als der
jüdische Weltkongreß die Nazi-Vergangenheit Waldheims auf-
deckte und das Justice Department bewog, ein Einreiseverbot für
den ehemaligen UNO-Vorsitzenden zu verhängen. Entgegen dem
Rat seiner Freunde und PR-Agenten engagierte sich Arnold
jedoch weiterhin für Waldheim, was ihm von der einen Seite als
Fehler, von der anderen als Beweis seiner Charakterfestigkeit
ausgelegt wurde. »Ich möchte nicht mehr darüber reden, weil ich
einfach nicht gewinnen kann« zog er sich 1986 in einem *Playboy*
-Interview diplomatisch aus der Affäre. »Ohne auf die Details
einzugehen, möchte ich doch sagen, daß es mir als halbem
Österreicher und halbem Amerikaner nicht gefällt, wenn es Un-
stimmigkeiten zwischen den beiden Ländern gibt, die mir am
meisten bedeuten. Aufgrund seiner Neutralität ist Österreich ein
sehr wichtiges Land für Amerika. Mit etwas Goodwill werden wir
das Problem lösen. Ich denke, es hat da in jüngster Zeit schon
einige Fortschritte gegeben.«[25]

Am 14. April 1986 begannen im mexikanischen Puerto Vallarta die
Dreharbeiten zu *Predator*, nur zwölf Tage später flog Arnold im
Privatjet nach Hyannis Port, wo am folgenden Tag in der Church
of St. Francis Xavier das Society-Ereignis des Jahres 1986 stattfand.
Eingedenk der Ausschreitungen bei der Heirat zwischen Sean
Penn und Madonna hatte man alles Menschenmögliche getan, um
das Ereignis nicht zu einem Medienzirkus geraten zu lassen. Unter
Einsatz ihres gesamten politischen Einflusses hatten die Kennedys
den Luftraum über Hyannis Port sperren lassen; die zahlreich
erschienene Journaille wurde auf eine Tribüne vor der Kirche
verbannt, was die eifrigen Klatschreporter indes nicht daran hin-
derte, dem Publikum in atemlosem Tonfall vom Aufmarsch der
Hochzeitsgäste zu berichten: »Um acht lädt ein Laster zwei
blühende Kirschbäumchen ab, um neun verteilt PR-Agent Delaney die langerwarteten Presseunterlagen. Es gibt Wagner (›Treu-

*Das vorerst letzte Mosaiksteinchen in einem großen Traum – Der Märchen-
prinz und seine Prinzessin vor den Toren der St. Francis Xavier Church.*

lich geführt(), Beethoven und Schubert zur Trauung, kalten Hum-
mer, Hühnerbrust in Champagnersauce mit Pilzen, kalifornische
Erdbeeren und Mozart-Kugeln zum Gala-Menü. Und eine giganti-
sche achtstöckige Hochzeitstorte von 2,30 m Höhe und nahezu

200 Kilogramm Gewicht zum Anschneiden (…) Um 9.30 Uhr entlädt der erste Pendel-Bus vor der Kirche unauffällig distinguierte Herren und Damen mit Blumenhüten. 10 Uhr. In den Straßen um die Kirche drängt sich das Volk. ›Die Bauern ziehen die Mütze‹, ruft ein Fotograf, das heißt: Die Kennedys kommen! Sie werden jubelnd empfangen. Staatsmann Ted Kennedy mit Eunice Shriver, seine geschiedene Joan in feuerrot geblümtem Kleid, die kinderreiche Ethel, die bis zur Verletztlichkeit verfeinerte, weißbehandschuhte Jackie mit dem attraktiven John-John, Tochter Caroline in blauem Brautjungferngewand, der junge Nachwuchspolitiker Joseph II mit Frau und zwei kleinen Kindern.«[26]

Die Trauung selbst dauerte knappe 75 Minuten und wurde von Reverend John Baptist Riordan durchgeführt. Teddy Kennedy, Jim Lorimer, Eunice und Sargent Shriver rezitierten Passagen aus der Bibel; Oprah Winfrey, eine gute Bekannte Marias aus ihrer Zeit in Baltimore, trug Elizabeth Barrett Brownings Gedicht »How Do I Love Thee?« vor. Marias Brautjungfern waren Alexa Halaby, die Schwester der jordanischen Königin, Charlotte Soames Hambro, Theo Hayes und die TV-Produzentin Roberta Hollander, die Rolle des Trauzeugen hatte Arnold seinem besten Freund Franco Columbu zugedacht. Nach einem opulenten Empfang machten sich Arnold und Maria um 5.30 Uhr abends auf den Weg ins St. James Club Hotel auf Antigua, wo sie ihre Flitterwochen verbrachten. Am 12. Mai stand Maria bereits wieder vor den CBS-Kameras und coverte die Premiere von *Top Gun*, während Arnold nach Mexiko zu den Dreharbeiten von *Predator* zurückkehrte.

Auch in den folgenden Jahren blieb dem Paar nur recht wenig Zeit füreinander, was alsbald zu den üblichen Gerüchten führte. »Ich bin eine sehr unabhängige Person«, kommentierte Arnold seine transkontinentale Ehe. »Ich kann die meiste Zeit allein sein und mich trotzdem freuen, wenn wir einmal beisammen sind. Manchmal verbringen Maria und ich zuviel Zeit zusammen und manchmal auch zuwenig. Dennoch bringen wir es zum Funktionieren. Ich sehe da überhaupt kein Problem.«[27] Daß der Star überhaupt Zeit für längere Flitterwochen gehabt hatte, hing im übrigen indirekt mit den Tricktechnikern von Richard Edlunds »Boss Films« zusammen. Jene hatten im Auftrag des *Predator*-Produzenten Joel Silver eine elaborate Maske für den Titelhelden des Films entworfen, die sich bei erster Inaugenscheinnahme jedoch als völlig ungeeignet entpuppte. Am Ende wurde der Auftrag an Stan Winston weitergegeben, wodurch sich für Regisseur John McTiernan eine längere Zwangspause ergab, bevor er die eigentlichen Kampfszenen zwischen Arnold und dem Predator abdrehen konnte.

Raw Deal lief im darauffolgenden Monat an und bot dem Kinopublikum in aller Welt einen durchaus anderen Schwarzenegger. In John Irvins Film verkörpert der frischgebackene Ehemann den Sheriff und ehemaligen FBI-Agenten Mark Kaminski, der auf die Bitte seines Bekannten Harry Shannon eine Mafiaorganisation unterminiert, deren Pate für den Tod von Shannons Sohn verantwortlich war. Für Arnold war es die erste Rolle seit *Stay Hungry*, in der er zumindest annähernd so etwas wie eine reale Figur zu verkörpern hatte, was er mit bewährtem Sinn für Self-Promotion in zahlreichen Interviews denn auch gebührend herausstrich: »Früher wurde ich mit berühmten Schauspielern wie Max von Sydow, James Earl Jones, Jeff Bridges und Sally Field zusammen in einen Film gepackt, wobei die Anzahl der Szenen, in denen ich

Gemeinsame Momente in einer ansonsten transkontinentalen Ehe – Mit Ehefrau Maria bei einem Prominenten-Treffen im kanadischen Nakiska-Skizentrum.

tatsächlich mit ihnen zu tun hatte, letztendlich sehr begrenzt war. In *Raw Deal* gibt es einerseits die Action-Szenen, in denen ich mich sehr wohl gefühlt habe; doch auch die schauspielerische Leistung ist sehr wichtig, die für mich eine große Herausforderung darstellte.«[28]

Der fertige Film sabotiert dieses Konzept freilich von Anfang an. Unter dem Vorspann sieht man den ach so menschlichen Kaminski, wie er einen harmlosen Hochstapler mit Karacho durch ein Holzlager hetzt und anschließend mit einer Benzinexplosion von der Straße fegt; für seinen vorgetäuschten Selbstmord jagt er gar eine ganze Chemiefabrik in die Luft. In den ersten zehn Minuten spielt das Drehbuch dabei noch mit dem Gedanken, die Gewaltorgien und Protzereien seines Helden als Reaktion auf dessen private Probleme auszuweisen; diese psychologische Dimension gibt *Raw Deal* im weiteren Verlauf dann jedoch sehr schnell auf. Nach Kaminskis vorgetäuschtem Selbstmord verschwindet seine alkoholsüchtige Frau praktisch völlig aus dem Film, auch die eventuellen ethischen Probleme einer solchen Doppelrolle reduzieren sich auf eine reichlich unwirksame Szene, in der Kaminski einen zahlungsunfähigen Nachtclubbesitzer vor

Fremdkörper in einer spießigen Glamour-Welt – Mit dem späteren 007-Bösewicht Robert Dawi in ›Raw Deal‹.

›Raw Deal‹ – Den menschlicheren Ansatz von Anfang an unterminiert.

dem Messer seines Partners retten und ihn statt dessen zur Warnung mit rotem Nagellack überschütten darf.

Weit mehr noch als *Commando* zerfällt *Raw Deal* so in zwei verschiedene Filme, von denen zumindest einer davon – der »reale« Teil – an Langeweile kaum zu überbieten ist. Das liegt zum einen an einem unbeholfenen Drehbuch, das sich in diesen Szenen rasch in einem Wust unwichtiger Figuren und irrelevanter Nebenhandlungen verzettelt; das liegt zum anderen aber auch an Arnold Schwarzenegger selbst, der die meiste Zeit wie ein Fremdkörper in den etwas spießigen Glamour-Vorstellungen des Films vom organisierten Verbrechen, den chicen Spielkasinos, dicken Geldbeuteln und kostspieligen Champagnern wirkt. *Raw Deal* unterstreicht die Deplaziertheit seines Helden nur noch, indem er in einer längeren Sequenz gegen Ende ausführlich die Verwandlung Kaminskis in jene gnadenlose Killermaschine zelebriert, die man schon von Anfang an ihm vermutet hat. Hinterrücks negiert der Film damit im Grunde die gesamten bisherigen Geschehnisse; am Ende fragt man sich nur verdutzt, weshalb sich ein Supermann wie Kaminski überhaupt mit so etwas Trivialem wie Infiltration abgibt, wo die Mafia ihm doch an purer Firepower offensichtlich

Trotz heftiger Werbung doch hinter den Erwartungen geblieben –
Mit Marion Broniecki und Dieter Geissler auf der deutschen Tournee zu
›Raw Deal‹.

herzlich wenig entgegenzusetzen hat. So zeigte *Raw Deal* vor allem
die Gefahren des extremen Typecasting und die immensen
Schwierigkeiten auf, die sich dann einstellten, wenn ein Regisseur
Arnold Schwarzenegger in einer halbwegs »normalen« Rolle zu
besetzen wünschte. Irvins Film blieb weltweit deutlich hinter den
Erwartungen zurück und spielte in Amerika gerade eben 7,2 Millionen Dollar ein.

Da der Start von *Predator* aufgrund der komplizierten Nachpro-
duktionsarbeiten erst für Mitte nächsten Jahres geplant war,
widmete sich Arnold fürs erste wieder seinem Privatleben. Am
6. November lud er zu Ehren von Marias Geburtstag den Wiener
Kinderchor zu einer kleinen Feier in seinem Haus in Los Angeles
ein, den Heiligabend verbrachte er mit seiner Mutter Aurelia in
Seefeld. Nach einem kurzen Skiurlaub mit den Zimmermanns
kehrte er nach New York zurück, wo er zusammen mit Maria das
neue Jahr einläutete. Anfang 1987 begann Arnold mit den Dreharbeiten zu *The Running Man* (Running Man), am 2. Juni erhielt er
im Beisein von Maria und Aurelia seinen eigenen Stern am
Hollywood Boulevard, zehn Tage später lief der seit einem knappen Jahr abgedrehte *Predator* endlich an. Die erstaunlichen Ein-

spielergebnisse des ersten Wochenendes, 12 Millionen Dollar Theaterbrutto bei 1623 Kopien, bewiesen einmal mehr die Zugkraft des Namens Arnold Schwarzenegger; dies um so mehr, als die Vorwerbung für den Film reichlich verwirrend gewesen war und niemand im Publikum so recht wußte, was er eigentlich zu sehen bekommen würde. Das Filmplakat zeigte eine Fehlfarbenaufnahme von Arnold im Fadenkreuz eines futuristisch anmutenden Zielvisiers, der Trailer deutete auf eine Mischung aus

Hollywoods endgültige Anerkennung – Mit Maria Shriver bei der Verleihung seines eigenen Sterns.

Science Fiction und Kriegsfilm hin, ohne freilich allzu sehr ins Detail zu gehen. Am Ende entpuppte sich *Predator* dann als die Geschichte eines Einsatztrupps, der nach einer gescheiterten Geiselbefreiung in den Dschungeln Mittelamerikas zur Beute eines außerirdischen Jägers wurde.

Was die meisten Kritiker als rein spekulative Kombination zweier populärer Genres nach dem Motto *Alien Meets Platoon* abtaten, erweist sich bei näherer Betrachtung jedoch als durchaus interessante Auseinandersetzung mit den Mustern der Rambo-Filme. Der Held von *Predator* etwa, Dutch Schaefer, ist auf den ersten Blick nichts weiter als ein Doppelgänger von Chuck Norris und Sylvester Stallone, ein muskelbepackter Kämpe, der mit großem Kaliber der Dritten Welt den *american way of life* nahebringt. Bereits die ersten Dialoge relativieren dieses Bild jedoch ein wenig: Schaefer sieht sich keineswegs als starker Arm des amerikanischen Militärs; er legt im Gegenteil großen Wert darauf, am »Einsatz gegen Libyen« nicht teilgenommen zu haben; auch die anschließend konstruierte Dolchstoßlegende – nach dem spektakulären Überfall aus das Lager der Guerrillas findet Schaefer heraus, daß er einmal mehr von »den Generälen« betrogen wurde – dient dem Film im Gegensatz zu *Rambo II* eben nicht dazu, den nun von allen Zwängen befreiten Helden den Krieg nun quasi rückwirkend mühelos doch noch gewinnen zu lassen. Dabei überrascht *Predator* durch eine Reihe präziser Sinnbilder, die in ihrer Mehrdeutigkeit turmhoch über den einfallslos direkten Sequenzen des Stallone-Films stehen. So erscheint der »Predator« ganz wie im »richtigen« Krieg über weite Strecken als unsichtbare Bedrohung: Wie der Vietkong die turmhohe technische Überlegenheit der Amerikaner durch seine Vertrautheit mit dem Terrain mehr als ausglich, neutralisiert der Predator die mehrfach demonstrierte, wahrlich exorbitante Feuerkraft des Einsatztrupps durch eine Art (tricktechnisch erstklassig realisierten) Chamäleon-Anzug, der ihn quasi als lebenden Dschungel erscheinen läßt, als Überall-Und-Nirgends-Töter, der mit Waffen allein zwar angekratzt, keineswegs jedoch ausgeschaltet werden kann. Ganz folgerichtig kann Schaefer seinen Gegner erst dann besiegen, wenn er sich auf dessen Terrain begibt, seine Waffen verliert und auf den eigenen Körper zurückgeworfen wird. Wichtig ist dabei, daß dieser Sieg durchaus nicht – wie Karsten Visarius meint – aus der Regression auf einen als »mythisch« gezeichneten Körper resultiert; eine Ansicht, die

Die Regression zum Körperhelden – ›Predator‹ ist der intelligenteste Film unter Arnolds Rambo-Kontern.

im übrigen auch Sylvester Stallone in *Rambo III* mit einfallsloser Direktheit vorexerziert. Eher resultiert der Sieg schon aus dem Verzicht auf die Distanz der Schnellfeuerwaffe; tatsächlich hat Schaefer erst dann eine Chance, als er diesen seinen Körper über und über mit Schlamm beschmiert und sich so vor dem Infrarotblick des Aliens schützt. In diesem Prozeß verliert er zugleich auch einen Teil seiner Menschlichkeit: Am Ende bleibt Schaefer nicht der strahlende Sieger, statt dessen sitzt er grau, erschöpft und durchaus traumatisiert in dem Hubschrauber, der ihn von dem Schlachtfeld entfernt.

So ist *Predator* auch insofern der beste Film von Schwarzeneggers Rambo-Phase, als er nicht zwischen einer vermeintlich realen Figur und ihren übergroßen Heldentaten hin- und herpendelt und dabei schnell den dramaturgischen Zusammenhalt verliert, sondern den *Prozeß* einer solchen Regression zum eigentlichen Thema des Filmes macht. Formal geht diese Regression dabei einher mit einem radikalen Farbwechsel vom realen schattierungsreichen Grün des ersten Teils zu einem sehr artifiziellen Blau im Schlußduell zwischen Schaefer und dem Predator; was viele Kritiker dabei als Bruch interpretiert haben, ist wohl eher als bewußte Weigerung seitens des Regisseurs John McTiernan und seines Kameramanns Donald McAlpine zu verstehen, die ideologischen und strukturellen Unterschiede zwischen *Aliens* und *Rambo* über einen Kamm zu scheren, wie es so viele andere thematisch ähnlich gelagerte B-Filme versuchen.

Das amerikanische Publikum wußte den vergleichsweise differenzierten Ansatz von *Predator* durchaus zu würdigen; am Jahresende hatte der Film 31 Millionen Dollar eingespielt und sich so als der zweiterfolgreichste Film in Arnolds Karriere nach *The Terminator* entpuppt. Als Anerkennung überreichte ihm die National Association of Theater Owners Ende 1987 dafür den Preis des »Star of the Year«.

Im Rückblick ist es ausgesprochen schade, daß Arnold in seinem nächsten Film diesen interessanten Ansatz nicht weiter verfolgte, sondern eine Wende zurück in seine *Conan*-Tage vollzog. *The Running Man* lief nur sechs Monate nach *Predator* in den amerikanischen Kinos an und servierte einmal mehr das mittlerweile schon etwas klischeehafte Bild des muskelbepackten Helden, der mit aller Macht seines Körpers gegen das heraufziehende Informationszeitalter anrannte; allenfalls die spezifische Form der Bedrohung variierte etwas: Nicht der Computer war dieses Mal die Wurzel allen Übels, sondern das Fernsehen.

Eine bemerkenswerte Vorab-Publicity erzielte *The Running Man* dabei durch die Person des Vorlagenautors. Stephen King hatte den Roman 1982 unter dem Pseudonym Richard Bachman verfaßt, und obwohl das Buch von seinem Inhalt eher atypisch für den »King of Horror« war, bediente es sich doch eines recht filmischen Stils, der nicht nur durch seine Unterteilung der Aktion in streng voneinander getrennte Sequenzen viel von einem Drehbuchrohentwurf an sich hatte. Produzent George Linder hatte die Option auf Kings Roman bereits 1985 erstanden; damals war als Hauptdarsteller noch Christopher Reeve im Gespräch, die Regie sollte George Pan Cosmatos übernehmen, der gerade seinen *Rambo II* abgedreht hatte. Streitigkeiten über die Höhe des geplanten Budgets führten in der Folge jedoch zu etlichen Wechseln in der Besetzung, drei weitere Regisseure gaben ein kurzes Gastspiel, bevor man die Regie schließlich an Paul Michael Glaser übertrug, dem Darsteller des Detective Dave Starsky aus der TV-Serie *Starsky & Hutch*. Jener hatte bislang nur einige *Miami Vice*-Episoden und den restlos mißratenen Vigilantenstreifen *Band of the Hand* inszeniert; tatsächlich spielte bei dieser Entscheidung auch die Tatsache eine wesentliche Rolle, daß *The Running Man* hauptsächlich aus deutschen und japanischen Quellen finanziert wurde und die Geldgeber meinten, mit Glasers Namen besser hausieren zu können.

Um dem vermeintlichen Image des neuen Hauptdarstellers Arnold Schwarzenegger besser gerecht zu werden, änderte Drehbuchautor Steven E. de Souza dann noch die Hauptfigur des Ben Richards von Kings letztlich tragischem Verlierer in einen strahlenden Gewinner um: »Ich war der Ansicht, daß das ganze Buch wirkte, als sei es Ende der Sechziger geschrieben worden. Ein deprimierendes und düsteres Stück. Amerika war unter der Kontrolle von Konzernen, die heute längst aus dem Börsenspiegel verschwunden sind. Der Held hatte eine kranke Tochter, seine Frau war eine Prostituierte, er stirbt, seine Frau stirbt, alle sterben (...) Es gab einfach keine echten Feindbilder. Jedermann hielt sich an die Regeln des Spiels, auch der Held. Während seiner dreißigtägigen Flucht hielt er immer wieder an und besprach einige Bänder. *The Hiding Man* wäre ein besserer Titel gewesen, da das Buch sehr wenig Konfrontationen enthielt. Es war im Grunde ein atmosphärisches Stück mit sehr viel Witz. Aber die politischen Ansichten über dieses spezielle Amerika waren total überholt. Schließlich hielten wir uns an alte Hollywood-Klischees: Kauf das Buch, übernimm den Titel und schmeiß den Rest weg.«[29]

Endergebnis dieses Denkens war ein zwar kompetent inszenierter, inhaltlich indessen durchaus dummer Film. Einerseits gelingen Glaser vor allem dann einige sehr sehr schöne Momente, wenn er sich auf die totalitäre Fernsehwelt der Zukunft konzentriert, seinen Spaß mit übersteigerten Parodien real existierender TV-Serien wie *Jeopardy* und *Wheel of Fortune* treibt und dazwischen pikant die manipulativen Möglichkeiten entlarvt, die einem geschickten Cutter zur Verfügung stehen; gerade Richard Jordan als schmieriger, nur zu deutlich an Johnny Carson orientierter Quizmaster Damon Killian erweist sich dabei ein enormes Plus.

Andererseits bleibt das *Running Man*-Spiel selbst eher konventionell, eine comichaft aufgeblähte Variante von Robert Sheckleys Millionenspiel, die sich des öfteren in archaisch-mythische Überduelle hineinsteigert und sich letztlich damit genau an dem delektiert, das anzuprangern der Film eigentlich vorgibt. Tatsächlich sind die Gladiatoren, mit denen sich Ben Richards auf seinem

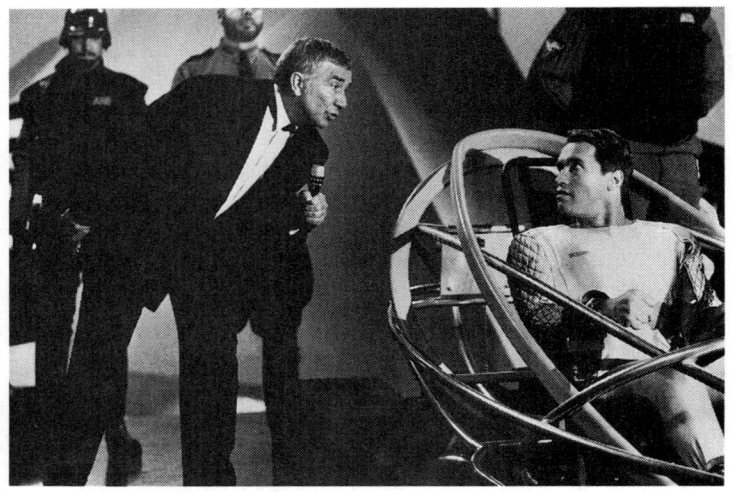

Das böse Fernsehen und sein schmieriger Vertreter – Mit Richard Dawson in der King-Verfilmung ›The Running Man‹.

Weg durch die »Spielzonen« auseinandersetzen muß, ganz bewußt als Verkörperung elementarer Prinzipien ausgewiesen: Feuer, Eis, Erde und Licht.

In ihrer ganzen Härte zeigen sich die Klischees von De Souzas Drehbuch dann am Ende, als die beiden Kontrahenten tatsächlich aufeinandertreffen und Richards seinen Peiniger Killian vor laufender Kamera der Lüge überführt und anschließend auf einem Raketenschlitten gegen eine Plakatwand schießt. Selbst in der eher naiven, ganz auf die Macht des Körpers eingeschworenen Welt des Films mußte ein solch totaler Sieg weit unglaubhafter wirken als Kings originales Ende, wo der Held mit einem gekaperten Jet in das Gebäude der Fernsehstation rast. Tatsächlich ist kaum einzusehen, weshalb Ben Richards' schlußendlicher Triumph zugleich Symbol einer weltweiten Rebellion gegen die Diktatur des Fernsehens sein soll: Von einem rein narrativen Standpunkt müßte es den Herrschenden angesichts ihres manipulativen Talents ohne weiteres möglich sein, Richards' Aufstand »wegzuerklären«; auf der kontextuellen Ebene wiederum bleibt auch Richards' neuer Ruhm letztlich ein direktes Produkt des ach so bösen Fernsehens. Letztlich waren die inneren Widersprüche von *The Running Man* zu extrem, als daß selbst ein Arnold Schwarzenegger sie mit seiner

Physis und seinen zynischen Sprüchen, darunter das vertraute »I'll be back«, hätte vollends übertünchen können. Abgesehen von den Actionszenen entledigt sich der Star der klischeehaften Rolle des zukünftigen Polizisten, der sich schließlich gegen das System stellt, denn auch mit einer gewissen routinierten Gleichgültigkeit. »Du schaust so streng, Ben«, sagt Killian einmal zu Richards, was im Nachhinein wie ein Kommentar zum gesamten Film erscheint.

Mit 16 Millionen Dollar erzielte *The Running Man* am Ende zwar in Amerika ein passables Kassenergebnis; in Deutschland dagegen, wo die Constantin den Film im darauffolgenden Juni startete, erreichte er nicht einmal die Top 30 des Jahres. An Arnolds *bankability* änderte das freilich nichts; bereits mit seinem nächsten Film überschritt der Star das erste Mal die magische Grenze der sechsstelligen Beträge in jene Regionen, die bislang einem Eddie Murphy oder Sylvester Stallone vorbehalten gewesen waren: zehn Millionen Dollar plus Prozentpunkte.

Ursprünglich hätte Arnold nach *The Running Man* seine Rolle des John Matrix wieder aufnehmen sollen; tatsächlich existierte bereits seit einiger Zeit ein Skript zu *Commando II*, das der Star nach erster Begutachtung jedoch verwarf. »Für Filme wie *Commando II* und *Predator II* hege ich keine sonderliche Zuneigung. Meine

Strenges Schauen – Mit Maria Conchita Alonso in ›The Running Man‹.

Vorliebe gilt originalen Stoffen (…) Ich lege Wert darauf, meinen nächsten Film solange offen zu lassen, bis ich den gerade aktuellen abgedreht habe. Manche Schauspieler decken sich gerne auf zwei Jahre im voraus mit Arbeit ein, weil sie Angst haben, daß sie im nächsten Jahr vielleicht auf den absteigenden Ast geraten. Sie unterschreiben bei jedem Studio in der ganzen Stadt, machen ihre Deals und fühlen sich recht sicher. Wenn sie nach zwei Jahren dann den Film tatsächlich drehen müssen, hassen sie ihn. Das ist eine Situation, in die ich nie hineingeraten möchte.«[30]

Zudem stand der Kalte Krieg gerade im Begriff, von Michail Gorbatschows Glasnost auf den Scherbenhaufen der Geschichte verfrachtet zu werden. Mit bewährtem Gespür für Aktualität verkündete Arnold daher Ende 1987 der erstaunten Presse, daß er in seinem nächsten Film einen russischen Polizisten namens Ivan Danko spielen würde, der in Chicago auf die Jagd nach einem georgischen Kokaindealer ging. Die Regie von *Red Heat* würde der Actionspezialist Walter Hill übernehmen.

In Vorbereitung auf seine Rolle nahm Arnold auf Weisung des Regisseurs rund zehn Pfund ab, um ein etwas kantigeres Bild zu bieten. Nach einem dreimonatigen Crash-Kurs in Russisch (»Man muß die Sprache von Grund auf lernen, da die Laute immer wieder anders klingen«) ging es Ende 1987 nach Budapest und Schladming, die im Film für die westlichen Filmteams nach wie vor unzugängliche Moskau einspringen sollten. Schon im nächsten Monat hatte die Presse jedoch eine neue Sensation: Nach längerem Drängen hatte die sowjetische Bürokratie den Bitten der Produktionsfirma Carolco schließlich stattgegeben und dem Team – im Zuge der neuen Öffnung der UdSSR – eine Drehgenehmigung erteilt. Vom 9. bis 11. Februar 1988 reisten Stab und Besetzung nach Moskau, wo man als erste amerikanische Filmcrew Außenaufnahmen auf dem Roten Platz schoß; übrigens just am selben Tag, an dem Michail Gorbatschow den definitiven Rückzug der sowjetischen Armee aus Afghanistan verkündete. Vor allem Arnold Schwarzenegger sah sich dabei in einem fort von russischen Fans umlagert. *Commando*, so bekam er dabei immer wieder zu hören, sei eine der gefragtesten Raubkopien auf dem sowjetischen Schwarzmarkt.

Auch wenn das echte Moskau im fertigen Film hernach lediglich im Vor- und Abspann auftauchte, bescherte der Außendreh auf dem Roten Platz dem Projekt doch eine weltweite Publicity. So

Arnold hat gut lachen – ›Red Heat‹ – war der erste amerikanische Film, der eine Drehgenehmigung auf dem Roten Platz erhielt.

kam es für alle Beteiligten recht überraschend, als *Red Heat* im darauffolgenden Sommer zu zwar guten, aber keineswegs überragenden Zahlen in den amerikanischen Kinos anlief. Im Rückblick mochte das damit zu tun haben, daß der Film seinem eigenen Glasnost-Etikett nur selten gerecht wurde: Abgesehen von einigen offensichtlichen Anspielungen (»Wir sind Polizisten, keine Politiker. Wir dürfen uns gegenseitig mögen«) benutzt *Red Heat* die Figur des Ivan Danko in erster Linie als Aufhänger für die gewohnten Kontrastmechanismen eines durchaus konventionellen Buddy-Pictures. Danko/Schwarzenegger mochte aus der Sowjetunion stammen, seine Funktion im Rahmen des Plots unterschied sich indessen kaum von jener eines Eddie Murphy in *48 Hrs.* (Nur 48 Stunden) oder eines Mandy Patinkin in *Alien Nation* (Spacecop – L.A. 1991).

Selbst die Gemeinsamkeiten, die die beiden ungleichen Partner im Verlauf des Films an sich entdecken, haben letztlich denkbar wenig mit Glasnost zu tun. Die eigentliche Bewegung von *Red Heat* verläuft letztlich nicht von Rußland nach Amerika, sondern von der Welteinstellung des desillusionierten, von Vorschriften eingeengten amerikanischen Cops hin zu einem, wenn man so will, »russischen«, von keinerlei Habeas-Corpus-Bedenken getrübten, in bewährter Genretradition aber auch ungleich erfolgreiche-

Uhrentausch als Glasnost-Symbol – Mit Jim Belushi in der Schlußszene von ›Red Heat‹.

ren Ansatz. »Kennen Sie Miranda?« darf der diesbezüglich von seinem Partner aufgeklärte Danko einmal einen Straßenrowdy fragen, bevor er ihn nach einer entsprechend negativen Antwort (»Never heard of the bitch«) mit stählerner Faust in den Gully schickt.

Wiewohl sich der völkerverbindende Anspruch des Films so recht schnell auf eine Art *Dirty Ivan* reduzierte und auch die Actionszenen, obwohl sehr kompetent inszeniert, stellenweise zu sehr an *48 Hrs.* erinnerten, gelang Walter Hill dennoch ein über weite Strekken durchaus amüsantes Buddy-Picture. Tatsächlich ist der primäre Gegensatz in *Red Heat* nicht so sehr ideologischer denn schauspielerischer Natur. Wo Jim Belushi sehr stark mit Mienenspiel und geschliffenen Dialogen arbeitet, bietet Arnold Schwarzenegger ein perfektes Kontrastprogramm: Danko verzieht den ganzen Film über im Prinzip keine Miene, antwortet auf die einfallsreichen Beleidigungen Belushis auch bestenfalls mit knappen, aber nichtsdestotrotz ungemein wirksamen Satzbruchstükken. Es war die Lakonie eines *Commando* oder eines *The Terminator*, das der Schauspieler hier mit beachtlicher Disziplin noch einmal durchzog; der wesentliche Unterschied war jedoch, daß sie diesmal nicht allein für den Zuschauer inszeniert war, sondern *auf* der Leinwand und *im* Film blieb. Vor allem die amerikanische Kritik zeigte sich von dieser Verlagerung ausgesprochen angetan und witterte ein neues Traumpaar; mehrere Journalisten orakelten sogar, daß sich Belushi/Schwarzenegger zum Newman/Redford-Duo der späten Achtziger entwickeln könnten. Die Einspielzahlen bereiteten solchen Spekulationen in der Folge zwar ein rasches Ende – Walter Hills Film spielte mit 16 Millionen Dollar ebensoviel ein wie der ungleich schlichtere *Running Man* –, dennoch bedeutete die Rolle des Ivan Danko für Arnold Schwarzenegger einen durchaus wesentlichen Schritt nach vorn: *Red Heat* hatte ihn nicht nur vom Stigma des Solohelden befreit, sondern gleichzeitig auch einen möglichen Weg aufgezeigt, wie sein Image in einem Buddy-Picture oder einem Ensemble-Film so ausgenutzt werden konnte, daß die nach wie vor nicht völlig ausgereiften schauspielerischen Fähigkeiten des Stars nicht allzu kraß hervorstachen. Da sich zudem abzeichnete, daß sich der Körperheldenfilm in seiner jetzigen Form schon ziemlich überholt hatte, schien es nur zu

Die beiden Partner im Clinch – ›Red Heat‹.

folgerichtig, daß sich Arnold mit seinem nächsten Film für völliges Neuland entschied. Vor einiger Zeit hatte er bei einer zufälligen Begegnung mit Ivan Reitman erwähnt, daß er einer Rolle in einer Komödie durchaus nicht abgeneigt wäre. Es sollte jedoch noch drei Jahre dauern, bis die Vorbereitungen des Projekts soweit gediehen waren, daß man im Frühjahr 1988 mit den Dreharbeiten beginnen konnte.

Ausbruchsversuche

»In meinen vorherigen fünf oder sechs Filmen hatte ich Liebesaffären mit Gewehren, Explosivmaterial, Granaten und Raketen. Mit Twins habe ich im Sinne von Komödien-Timing viel gelernt.«

Arnold Schwarzenegger

Twins sollte die Emanzipation des Arnold Schwarzenegger vom Genre des Körperfilms werden, und angesichts eines solchen durchaus waghalsigen Experiments war es vielleicht nur verständlich, wenn Reitman und seine Autoren in fast allen anderen Belangen des Films auf klassische Hollywood-Konventionen setzten. *Twins* war das typische Beispiel eines *high concept movie*, eines Films also, dessen Aufhänger sich mit einem einzigen Satz präzise umreißen ließ. »Arnold Schwarzenegger. Danny de Vito« stand auf dem Plakat zum Film zu lesen. »Zwillinge. Nicht einmal ihre Mutter kann sie auseinanderhalten.«

In Wirklichkeit war das sehr viel Humor versprechende Konzept freilich kaum mehr als die Weiterentwicklung der Prinzipien eines *Red Heat*. Hier wie dort brachen sich die cleveren Dialoge und die Mimik eines ausgewiesenen Komikers am eher steinernen Antlitz Arnold Schwarzeneggers, der Unterschied war allenfalls die Umdefinierung des mittlerweile so gut wie patentierten Gesichtsausdrucks von einem Symbol des harten Mannes zum Anzeichen eines naiven Toren, der sein Leben lang auf einer Südseeinsel verbracht hat und sich auf der Suche nach seinem Bruder mit dem durchaus verwirrenden *american way of life* herumschlagen mußte. Explizit zeigte sich der Unterschied gleich in einer der ersten Szenen des Films, als Julius Benedict alias Arnold Schwarzenegger beim ziellosen Herumirren durch Hollywood vor Grauman's Chinese Theatre auf ein Plakat für *Rambo III* stößt, ungläubig die gezeichneten Muskeln Stallones ansieht, anschließend seine eigene Muskeln befühlt und mit einem breiten Lächeln abwinkt.

Freilich war *Twins* alles andere als jene selbstironische Demontage des Muskelmanns, als die er von der Werbung und auch der Kritik immer wieder hingestellt wurde. Wohl macht sich das Drehbuch des öfteren über die extremeren Seiten von Arnold Schwarzeneggers Image lustig; etwa dann, als Julius seinem Bruder die neue Familie mit höchst ungewohnten Worten (»Ve can vizit muzeums togesser. Tahk vilosovy togesser.«) schmackhaft machen will. Das Image an sich stellt *Twins* indes an keiner Stelle ernsthaft in Frage. So resultiert auch Arnolds Sinn für Humor im Film letztlich eben doch aus dem Bewußtsein, daß er es mit jedem aufnehmen *könnte,* wenn er nur wollte. Das Drehbuch unterstreicht diesen Ansatz dann noch in einigen arnoldtypischen Actionszenen, in denen Julius in bester amerikanischer Manier den Gegner erst mit

Sinn für Humor, allerdings nur gegenüber den extremeren Seiten seines Images – Mit Chloe Webb, Danny DeVito und Kelly Preston in ›Twins‹.

friedlichen Mitteln beikommen will, was dieser freilich gar nicht hören will, worauf es dann – leider – eben doch zur Anwendung von Gewalt und den üblichen lockeren Sprüchen kommt. Als Julius am Ende auf Geheiß seines Bruders eine Sonnenbrille aufsetzt, gleicht er einen Moment lang sehr einem (gepflegten) Terminator.

Auch sonst ist *Twins* keineswegs so radikal, wie man auf den ersten Moment meinen könnte. Obwohl Arnold Schwarzenegger einen ungewohnt gelösten Eindruck macht und es offensichtlich genießt, den eher versteckten Humor seiner bisherigen Filme ans Tageslicht zu bringen (an einer Stelle darf er tropfnaß aus der Dusche steigen und vor den Augen seiner neuen Freundin »Yakety Yak« zum Besten geben), beschränkt sich die grundsätzliche Bewegung des Films doch fast gänzlich auf den schauspielerisch stärkeren der beiden Brüder, Danny de Vito, der durch die Kraft des reinen, im wesentlichen aber unverändert bleibenden

Toren zu einem besseren Menschen werden darf. Es ist eine Bewegung, die De Vito nicht unbedingt liegt; nur noch klischeehaft wirkt etwa jene Szene, als er von einem Gentechniker die Hintergründe seiner Herkunft erfährt und für mindestens dreißig Sekunden lang extreme Geknicktheit heucheln muß, bevor er wieder zum gewohnten Image zurückkehrt. Hinzu kommt eine reichlich anachronistische Botschaft, die nicht müde wird, den Wert einer intakten Familie zu betonen. Was am Anfang noch wie ein netter *running gag* wirkt, Julius' beharrliche Suche nach einem neuen Heim, wird im weiteren Verlauf des Films zunehmend sentimental und mündet schließlich zum Höhepunkt in eine kitschige Wiedereinigungsszene bar jeder Ironie.

Seinen Zweck erfüllte Reitmans Film jedoch trotz aller seiner Schwächen bestens. *Twins*, in dem sich das Programm des neuen US-Präsidenten George Bush (»A thousand points of light«) ungebrochen widerspiegelte, brachte Arnold Schwarzenegger eine völlig neue Publikumsschicht ein. Vor allem weibliche Kinogänger sahen sich von dem naiven Charme und der romantischen Ader des sanften Knuddelbären Julius angesprochen; am Ende spielte der siebzehn Millionen Dollar teure *Twins* sein Budget gleich mehrfach wieder ein und erwies sich mit einem Theaternetto von 57,2 Millionen Dollar als Arnolds bisher erfolgreichster Film. *Forbes* schätzte sein Jahreseinkommen in dieser Zeit auf 35 Millionen Dollar.

Einer der Ehrengäste bei der Premiere war im übrigen George Bush gewesen, was den Gerüchten über etwaige politische Absichten des Schauspielers in der Folge neue Nahrung gab. Tatsächlich hatte sich Arnold bei den Präsidentschaftswahlen sehr für Bush engagiert; einige Insider munkelten sogar, daß Bush seinen Sieg im Bundesstaat Ohio zu einem wesentlichen Teil Arnolds Einsatz verdankte. Als Beweis seiner Wertschätzung ernannte der Präsident den Star dann Anfang 1990 zum Vorsitzenden des Komitees für körperliche Fitness und Sport.

In der Folge drängte sich ausnahmsweise mal das Eheleben vor die Karriere. Im Mai 1989 wurde bekannt, daß Maria Shriver schwanger war; in den nächsten Monaten erlebte die amerikanische Boulevardpresse einen völlig anderen Arnold Schwarzenegger. Wieder und wieder betonte der Star, wie sehr er sich auf sein Kind und seine neue Vaterrolle freue, zumal er arge Bedenken gehabt habe, daß die Steroide aus seiner Zeit als Bodybuilder unliebsame Nebenwirkungen gehabt hätten. Neun Monate später zerstreuten sich diese Bedenken dann endgültig: Am 13. Dezember 1989 brachte Maria Shriver im St. John's Hospital von Los Angeles eine gesunde Tochter zur Welt; die stolzen Eltern tauften ihr Kind auf den Namen Katherine Eunice. Viel Zeit für ein trautes Beisammensein im Kreise der Familie blieb dem frischgebackenen Vater allerdings nicht, steckte er doch gerade in den Dreharbeiten seines neuesten Films.

Für die meisten Fachjournalisten war *Total Recall* der letzte Beweis für Arnolds Status in Hollywood; tatsächlich war er es gewesen, der das seit zehn Jahren brachliegende Projekt reaktiviert hatte. Ronald Shusett und Dan O'Bannon hatten das Drehbuch unmittelbar nach ihrem Erfolg mit *Alien* an Disney verkauft. Nach etlichen Problemen mit dem dritten Akt wurde das Skript 1982 an Dino de Laurentiis weitergereicht, wo es in den folgenden Jahren etwa fünfzig Reinkarnationen unter der (geplanten) Ägide bekannter Regisseure wie Fred Schepisi, Russell Mulcahy und David Cronenberg erlebte, bevor es schließlich 1988 unter der Regie von Bruce Beresford mit Patrick Swayze in der Hauptrolle endgültig vor die Kameras gehen sollte. Zwei Wochen vor Drehbeginn mußte DEG indes Konkurs anmelden; um die Schulden zu

Der Star und seine beiden Emanzipatoren – Mit Danny DeVito und Ivan Reitman bei den Dreharbeiten zu ›Twins‹.

decken, sah sich De Laurentiis in der Folge gezwungen, einen Großteil seiner Projekte auf dem freien Markt zu versteigern. Arnold hatte sich schon vor einigen Jahren an dem Projekt interessiert gezeigt, dann jedoch abgelehnt, als De Laurentiis ihm weder die gefordete Gage bezahlen noch seinem Wunsch nach *director approval* nachkommen mochte. Sobald er daher von De Laurentiis' Verkaufsaktion hörte, wandte er sich an Andrew Vajna von Carolco und redete ihm zu, das Skript zu *Total Recall* anzukaufen. De Laurentiis forderte sechs Millionen Dollar, am Ende hatte Vajna den Italiener jedoch auf drei Millionen heruntergehandelt. Wenig später begannen die Vorbereitungen zu einer neuen, endgültigen Fassung unter der Regie des Holländers Paul Verhoeven, der 1987 mit *RoboCop* seinen grandiosen Einstand in Hollywood gefeiert hatte. Die Dreharbeiten fanden in den mexikanischen Churubusco Studios statt, nahmen 45 Sets in Anspruch und dauerten 130 Tage, während denen das ursprüngliche geplante Budget von 40 Millionen Dollar rasch auf 60 Millionen kletterte, was *Total Recall* zum zweitteuersten Film aller Zeiten hinter *Rambo III* machte[31]. Im Nachhinein erwies sich das enorme Risiko jedoch als durchaus gerechtfertigt: *Total Recall* war der unumstrittene Kassenschlager des Frühsommers 1990 und übertraf mit einem Einspielergebnis von 65 Millionen Dollar sogar noch Arnolds bisherigen Spitzenreiter *Twins*.

Verhoevens Film beruht auf der 1968 erschienenen Kurzgeschichte *We Can Get It For You Wholesale* des SF-Schriftstellers Philip K. Dick, des wohl eindrücklichsten und stilsichersten »Chronisten einer Welt, die sich bei genauerem Hinsehen in ihre Bestandteile auflöst«[32] *Total Recall* schildert die Erlebnisse des durchschnittlichen Bauarbeiters Quaid aus dem Jahre 2084, der sich von der Firma Rekall Inc. ein künstliches Gedächtnisimplantat an eine Reise zum Mars einpflanzen läßt und auf dem Nachhauseweg von einigen Kollegen überfallen wird, die in ihm auf einmal den gefährlichen Geheimagenten Hauser sehen. Ganz nach Dick'schem Vorbild verwischt der Film von dieser Stelle an Traum und Wirklichkeit in einem Maße, daß sich der Zuschauer in dem rasanten Wechsel von Identitäten, Absichten und geheimen Plänen ebenso wenig zurechtfindet wie Quaid – eine Taktik, die Verhoeven noch bewußt forciert. Tatsächlich gleichen die Ereignisse auf dem Mars exakt jenen, die Quaid bei Rekall bestellt hat; selbst die Bilder bleiben stets ein wenig irreal, gleichen

Der stolze Vater mit Frau und junger Tochter.

weniger dem Mars der Astronomen als den klischeehafter, von B-Filmen wie *The Angry Red Planet* (Weltraumschiff MR 1 antwortet nicht) geformten Vorstellungen eines durchschnittlichen Arbeiters.

Vor allem die deutsche Kritik, wie immer hoffnungslos überfor-

›Total Recall‹ – Ohne Arnolds Einsatz wäre die aufwendige Verfilmung einer Kurzgeschichte von Philip K. Dick nie zustandegekommen.

dert, wenn es um Science Fiction ging, nahm die fulminanten Actionszenen auf dem Mars jedoch für bare Münze und verdammte den Film mit zum Teil hanebüchenen Argumenten in Grund und Boden. In der Tat machen es Verhoevens Bilder, die den Zuschauer in ein Inferno aus Gewalt stürzen (ohne dieses jedoch nach typischer B-Film-Art lüstern zu betrachten), dem unvoreingenommenen Betrachter nicht gerade leicht, das raffinierte Geflecht hinter den äußerlichen Action zu würdigen. »In meinem Hirn steckt seit meiner Kindheit soviel Gewalt, daß ich brennende Häuser sehe, wenn ich die Augen schließe«, verteidigte Verhoeven seinen Film gegen derlei Vorwürfe. »Tatsächlich existiert in meinem Gehirn überhaupt keine Schutzvorrichtung gegen Gewalt. Wenn ich eine gewalttätige Szene im Drehbuch lese, ist es wie ein Alptraum für mich: Ich kann förmlich sehen, wie sich die Gewalt entwickelt.«[33] Konsequenterweise gab es denn auch drei verschiedene Versionen von *Total Recall*, eine vollständige für die amerikanischen Kinos, eine leicht gekürzte für die deutsche Kinoauswertung ab 18 Jahren sowie eine drastisch beschnittene für die deutsche Videoauswertung ab 16.

Dennoch ist *Total Recall* unter der Oberfläche seiner Bilder ein durchaus intelligenter Film über die Suche eines Mannes nach seiner eigenen Identität. In der Rolle des Quaid/Hauser wirkte Arnold Schwarzenegger dabei vor allem deshalb perfekt besetzt, da der Part vor allem jene beiden Gefühle erforderte, die der Star – wenigstens nach Ansicht boshafter Kritiker – beherrschte wie kein

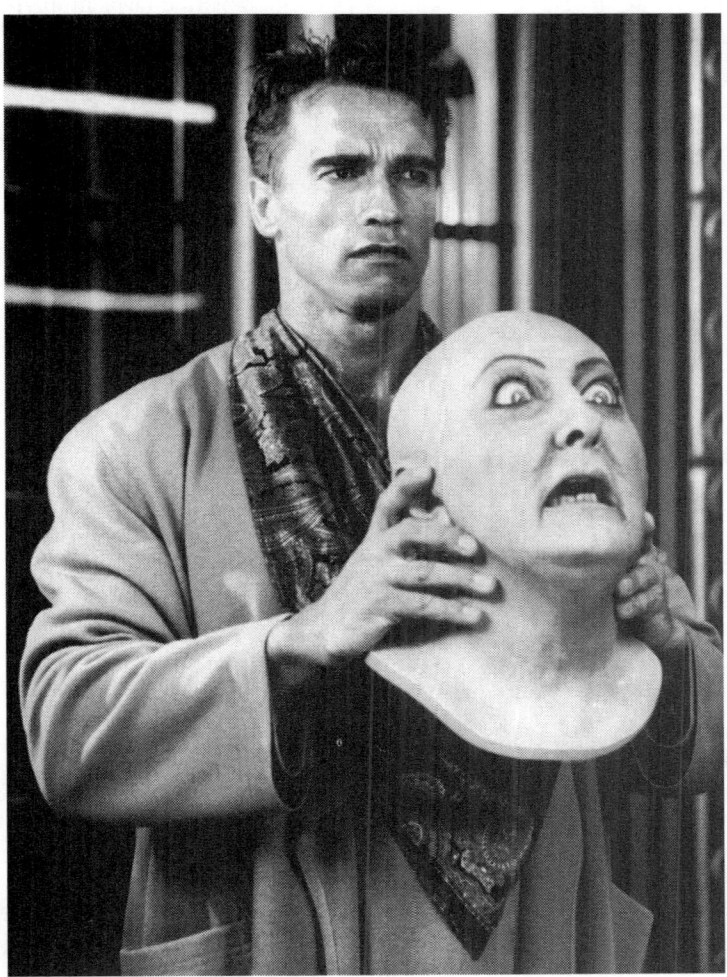

Masken und falsche Identitäten: Quaid/Hauser hat es im Inneren eines robotisierten Hi-Tech-Kostüms bis zum Mars geschafft.

zweiter: totale Verwirrung über den Verlust seiner bisherigen Identität und stählerne Entschlossenheit, die neue zu verteidigen. Darüber hinaus gab der Film indirekt wohl auch so etwas wie einen Kommentar zur Rezeption des Arnold Schwarzenegger durch seine Fans ab: In *Total Recall* spielt der Star im Grunde nichts weniger als einen Mann, der in seinen privaten Machtphantasien gerne Arnold Schwarzenegger sein würde, der sich diesen Wunsch (wenn auch) mit Hilfe künstlicher Erinnerungen erfüllt und so am Ende der ungeliebten Existenz als kleiner Bauarbeiter entflieht.

Sehr viel konventioneller als Verhoevens Film, wenn auch besser zu seiner neuen Rolle als Familienvater passend, war Arnolds nächstes Projekt. In *Kindergarten Cop* sah ihn das amerikanische Publikum Ende 1990 als harten Polizisten aus Los Angeles, der sich nach einer Reihe recht offensichtlicher Drehbuchmanipulationen in die Lage versetzt sieht, als Kindergärtner in einer Kleinstadt in Oregon arbeiten zu müssen. Wiederum von Ivan Reitman inszeniert, war der Film kaum mehr als ein schwacher,

Der Bauarbeiter in seiner neuen Geheimidentität als Arnold Schwarzenegger – ›Total Recall‹.

Der schärfste Cop und seine neuen Schützlinge – ›Kindergarten Cop‹.

wenngleich etwas gewalttätigerer Nachzieher zu *Twins,* in dem der
Star einmal mehr das Banner der Familie hochhalten und am
Ende mit der geretteten Frau des bösen Drogendealers und deren
Kind in eine bessere Zukunft ziehen durfte. Da zudem die Komik
diesmal nicht so sehr aus dem Kontrast zu einem anderen
Schauspieler als aus einer Reihe recht klischeehaften Situationen
herrührte, der Film den Reiz seines *high concept* (»Er ist der
schärfste Cop auf der Straße. Nun sag ihm, daß Du deine
Hausarbeiten nicht gemacht hast . . .‹) zudem dadurch entwertete,
daß der Cop für seinen Triumph die Rasselbande auf seine Ebene
zieht und ihnen in eher peinlichen Sequenzen preußischen Drill
einimpft, bedeutete *Kindergarten Cop* für Arnold Schwarzenegger
wenig mehr als ein Zwischenspiel.
Wie ernst es ihm mit seiner Hinwendung zu einem positiverem
Image war, zeigte sich so erst Anfang 1991, als die ersten Details
seines jüngsten Projekts ans Tageslicht drangen. Für fünfzehn

Preußischer Drill gegen eine echte Rasselbande – ›Kindergarten Cop‹.

Millionen Dollar Gage, die er größtenteils in einen privaten Gulfstream G-III-Jet steckte, hatte sich Arnold dazu bewegen lassen, unter der Regie von James Cameron noch einmal jene Rolle zu übernehmen, die ihn 1984 zu einem Megastar gemacht hatte. Statt eines bösen Terminator sollte er diesmal jedoch einen guten Terminator mimen, der von der Rebellion des Jahres 2017 in die Vergangenheit zurückgeschickt wird, um Sarah Connor und ihren Sohn vor den Nachstellungen eines hochentwickelten Nachfolgemodells (Robert Patrick) zu schützen, der seinen Körperbau auf nanotechnologischem Wege in jede beliebige Form bringen kann. In gewissem Sinn war das die Umkehr von Camerons originaler Botschaft: Nun, da der Körper in Filmen wie *Twins* und *Kindergarten Cop* menschlichere Seiten angenommen hatte, konnte er durchaus wieder als positiver Held in Erscheinung treten und die böse, völlig inhumane Maschine vernichten, gewissermaßen gleich einem Beelzebub den polymorph-perversen Teufel aus der Zukunft austreiben.

Die spektakulären Actionszenen (»Jede Sequenz des Drehbuchs

Der gute Cyborg aus der Zukunft (er zerschießt nur Kniescheiben) – ›The Terminator 2 – Judgment Day‹.

las sich wie das Ende von *Die Hard*«, vermerkte Co-Produzent B.J. Rack), die extrem diffizilen Spezialeffekte und der Zeitdruck des geplanten Premierentermins ließen das Budget des Films bald über jedes vernünftige Maß hinaus anschwellen; *Variety* zufolge

1. Mai ist nationaler Trimm-Dich-Tag – Arnold greift seinem guten Freund George Bush unter die Arme.

beliefen sich die Kosten am Ende auf 94 Millionen Dollar, was den Film zum bislang teuersten aller Zeiten machte. Um das enorme Risiko so gering wie möglich zu halten, konzentrierte sich Arnold Schwarzenegger sechs Monate lang einzig und allein auf den Film. Mit durchaus gemischten Gefühlen verweigerte er sich einer Bitte seines Freundes George Bush, zur Unterstützung der Golftruppen nach Saudi-Arabien zu fliegen, mehr denn je zuvor kümmerte er sich in der Folge um die Sekundärauswertung des Films. Als kleinen Gag erklärte er sich sogar bereit, eine Rolle in dem Tie-In-Video der Gruppe »Guns 'n Roses« zu übernehmen.

Terminator II: Judgment Day erzielte in den USA und auch weltweit ein hervorragendes Ergebnis (200 Millionen Dollar!), wobei die Fachpresse in den USA vor allem die exzellenten demographischen Daten hervorhob. Martin A. Grove vermerkte, daß das Publikum zu etwa gleichen Teilen aus Frauen und Männern bestünde: Offensichtlich schienen Arnolds Bemühungen um eine Ausweitung »seines« Publikums also von Erfolg gekrönt zu sein. *Terminator II* bereitete den Weg für weitere Mega-Projekte. Doch die geplante Komödie *Accidents Will Happen* und der Polizeifilm *Girl's Club,* der ihn das erste Mal mit seinem ehemaligen Kontrahenten Sylvester Stallone auf der Leinwand vereinen soll, kamen zunächst nicht zustande. Dafür arbeitete Schwarzenegger aber mit Stallone (und Bruce Willis als Dritten im Bunde) auf gastronomischem Gebiet zusammen: Gemeinsam betreiben sie die Restaurant-Kette »Planet Hollywood«, deren erste Filialen in New York und Newport Beach (Kalifornien) eröffnet wurden. Im Alleingang betreibt Arnold

Der künftige Politiker (?) vor seinem neuen Wirkungsgebiet.

in Santa Monica auch noch ein eigenes Lokal mit dem Namen »Schatzi on Main«.

Im Sommer 1991 wurde Arnold zum zweiten Mal Vater: Christina Aurelia nannten Maria und er ihre zweite Tochter. Verstärkt engagierte sich Schwarzenegger auch im Produzenten- und Regiefach. Erste tastende Vorstöße in Richtung Regie hatte Arnold bereits 1990 mit einer Episode der HBO-Horroranthologie *Tales from the Crypt* unternommen, und die Vorabinformationen zu dem Bruce-Willis-Film *Sergeant Rock* führten ihn als Produzenten. 1992 inszenierte Schwarzenegger für das Fernsehen ein Remake des Films *Christmas in Connecticut*.

Schließlich ist da noch die Versuchung einer Karriere in der Politik. Im Juni verkündete die für gewöhnlich recht gut informierte *Variety*-Klatschspalte über die Details von Arnolds angeblich geplantem Berufswechsel. Im einen Szenario würde er den kalifornischen Gouverneur Pete Wilson ablösen, sobald dieser von Bush als nächster Vizepräsidenten berufen werden würde. In dem anderen Szenario sollte er für den Senat kandidieren und entweder John Seymour oder Alan Cranston ablösen. Ein zukünftiger US-Präsident namens Arnold Schwarzenegger dürfte jedoch Fiktion bleiben; im Ausland geborene Amerikaner können sich nicht für einen solchen Posten bewerben.

»Ich habe einen langen Weg hinter mir«, hatte er 1984 im deutschen Nachwort seiner Autobiographie *Karriere eines Bodybuilders* geschrieben, »aber ich will noch viel weiter. Ich bin noch nicht einmal in der Nähe dessen, was ich mir noch vorgenommen habe«[34]. Wer freilich annimmt, daß Arnold Schwarzenegger dieses Ziel nun eigentlich erreicht haben sollte, rechnet nicht mit seinem außerordentlichen Ehrgeiz, der ihn auch in Zukunft weitertreiben wird. »Ich bete oft«, hat er noch im Mai 1991 einem Reporter des *Spiegels* anvertraut: »Lieber Gott, laß mich nicht in Thal bei Graz aufwachen, und meine Mutter steht am Bett, schüttelt mich und klagt: Arnold, nun wach doch endlich auf, was ist los mit dir heute? Du bist schon eine Stunde zu spät dran... die Fabrik wartet...«[35].

Man darf auf das Da Capo eines Mannes gespannt sein, der schon jetzt weit jenseits aller Träume steht, die sein jugendliches Gegenstück gehabt haben mochte, damals im trauten Grazer Kino, im Angesicht Reg Parks.

Mächtig großer Fehler

»Wenn man oben ist, dann wird man abgeschossen.
Dazu ist man ja von den Medien aufgebaut worden ...
Wer keine Hitze verträgt, soll aus der Küche gehen.
Ich kann's vertragen, also bleibe ich.«

Arnold Schwarzenegger

Erinnern Sie sich noch an das Zitat von William Goldman, mit dem die Einleitung dieses Buches eingeleitet wurde? »Stimmt schon, ich habe nicht die geringste Lust, Schwarzenegger als Hamlet zu sehen«, sagte er unter anderem. Das muß Arnold irgendwann gelesen – und auf eine Idee gebracht haben. Denn in seinem jüngsten Film, der 1993 mit dem programmatischen Titel *Last Action Hero* in die Kinos kommt, macht er genau das: Er tritt als Hamlet auf. Keine Angst: Es ist nur eine kurze Szene, Arnold bewältigt sie auf Schwarzenegger-Art, und sogar Laurence Olivier ist mit von der Partie.

Michael Althen beschrieb die betreffende Szene für das neue Nachrichtenmagazin *Focus* so: »Hamlet sitzt über den Gräbern, blickt dem Totenschädel ins hohle Gesicht und sagt brav seinen Spruch: »Sein oder Nichtsein«. Aber es ist etwas faul im Staate Dänemark, denn der Mann hat einen breiten austro-amerikanischen Akzent und entschieden zu viele Muskeln für einen verzagten Prinzen. Und noch ehe er sich von der Blässe irgendwelcher Gedanken ankränkeln läßt, fletscht er die Zähne und entscheidet die Seinsfrage auf seine Art. Er benutzt Yoricks Schädel als tödliches Wurfgeschoß und macht das Nichtsein zu seinem Schlachtruf: Hasta la vista, Baby!«

Da kann es auch kaum noch verwundern, daß Arnolds Hamlet mitten im mittelalterlichen Dänemark gleich darauf zur MP greift und gnadenlos losballert. Althen weiter: »Hamlet, der Barbar: So sieht das aus, wenn Schwarzenegger Shakespeare spielt. So erträumt sich das ein kleiner Junge in dem Film »Last Action Hero«, als ihn Laurence Olivier in einer Schulvorführung des »Hamlet« von 1948 zu langweilen beginnt. Und nur Arnold bringt es fertig, diesen Vergleich zwischen First und Last Action Hero, zwischen dem ersten Mann der Schauspielkunst und ihrem letzten Heuler

111

Scherz am Rande: »Siehst du, du kannst dieses Wort nicht aussprechen, weil der Film ab 12 freigegeben ist.«

nicht zu scheuen. Für ihn ist die Welt ein Spiel ohne Grenzen. Und nur einer kann gewinnen.

»Arnold Schwarzenegger hat, von kleineren Rückschlägen einmal abgesehen, immer auf der Gewinnerseite gestanden. Seine letzten fünf Filme hatten fast zwei Milliarden Mark eingespielt, was ihn zum erfolgreichsten Filmstar aller Zeiten machte, und sein Honorar für einen Film war dementsprechend bei etwa 25 Millionen Mark angekommen – plus Prozenten von den Einspielergebnissen. Arnold besitzt einen eigenen Jet, Immobilien in Colorado und Kalifornien, diverse Restaurants, hat einige Bücher über Bodybuilding geschrieben; er betreibt diverse Sportcenter, veranstaltet seit 1989 den »Arnold Classic«, einen Wettkampf für männliche und weibliche Bodybuilder, er vertreibt (in Deutschland über die Münchener Firma All Stars Fitneß Products GmbH, deren Mitgesellschafter er ist) seine »All Stars«-Fitneßprodukte, er ist für US-Präsident Bill Clinton tätig als Vorsitzender des Gesundheits- und Fitneß-Rates, er widmet sich (unter anderem als Trainer für die »Special Olympics«, einem Sportwettkampf körperbehinderter Kinder) obendrein wohltätigen Zwecken. Im Herbst 1993 wird er zum dritten Mal Vater.

Buddy Buddy: Der kleine Danny (Austin O'Brian) und Jack Slater (Arnold Schwarzenegger) in ›Last Action Hero‹

Und dann macht er offensichtlich einen mächtig großen Fehler.

Im Mai 1993 dümpelte während der internationalen Filmfestspiele ein mächtig großer, dreißig Meter hoher Ballon vor der Strandpromenade »La Croisette« in der Bucht von Cannes, der eindeutig Arnold Schwarzenegger mit einer mächtig großen Knarre in der Hand darstellte: als Publicity-Gag für seinen neuen Film *Last Action Hero*. In Cannes gibt Arnold bis zu 58 Interviews am Tag, nach strengen Regeln: drei Fragen, fünf Minuten, der Nächste bitte. Angesichts des aufgeblasenen Arnolds auf dem Meer, der bei stärkerem Wind wie besoffen herumschwankte, witzelte ein deutscher Journalist: »Das ist nicht Schwarzenegger, das ist ›The Inflated Ego‹.« Werden Hollywood, so könnte man sich in der Tat angesichts jüngerer Kosten- und anderer Entwicklungen fragen, und seine Super-Mega-Hyper-Ultra-Stars an ihrer eigenen Gigantomanie zugrunde gehen?

Im Sommer 1993 jedenfalls rüstet sich die US-Filmmetropole zum Kampf der Giganten: die Produktionsgesellschaft Universal gegen die Produktionsgesellschaft Columbia – was im Klartext heißt: die japanische Company Matsushita gegen die japanische Company Sony –, Steven Spielberg gegen Arnold Schwarzenegger, künstliche Dinos gegen einen kleinen Jungen und einen großen Cop, *Jurassic Parc* gegen *Last Action Hero*. And the winner is... »Wir machen Filme nur noch, wenn der Preis stimmt«, hatte Columbia-Chef Mark Canton markig-vollmundig verkündet, »oder wenn Arnold dabei ist.« 47 Millionen Dollar, kein Pappenstiel, waren als Budget für *Last Action Hero* kalkuliert worden. Am Ende hatte der Film 80 Millionen gekostet, oder auch 100, wie manche sagten. Kein Problem, dachte man. Das würde er leicht einspielen. Dachte man.

Im Herbst 1993 weiß man, daß *Last Action Hero* Mühe haben wird, seine Herstellungskosten hereinzuholen. Bis jetzt sind in die Kinokassen noch nicht einmal jene 50 Millionen Dollar geflossen, die Jurassic Parc *am ersten Wochenende* machte. (Nach dem ersten Monat waren es bereits 250 Millionen, und Spielberg hat gute Chancen, seinen eigenen Rekord zu brechen: Vor zehn Jahren hatte sein E.T. 360 Millionen Dollar Kasse gemacht.) And the loser is... Ende der Ära Arnold? Schwarzenegger ein Verlierer? Big Mistake – Mächtig großer Fehler, wie ein Running Gag in *Last Action Hero* lautet? Aus der Traum? Wohl kaum. Eine lahme Schwalbe macht schließlich noch keinen Winter.

Arnold Schwarzenegger steht Business-mäßig schließlich nicht nur

Mit Knarre im Kino: Jack/Arnold bei der Premiere seines eigenen Films (im Film)

auf einem Bein (siehe oben), und Kollege Stallone etwa hat in seiner Laufbahn auch mit Riesen-Flops leben müssen (die er fast zeitgleich mit Arnolds Disaster 1993 durch sein Action-Drama *Cliffhanger* allerdings wieder wettgemacht hat).

Außerdem bieten sich für Arnold noch Steigerungen seiner Rollen an: War er in *Terminator II* als »Jesus des Maschinenzeitalters« erschienen, wie der Journalist Bodo Fründt schrieb, so könnte er – wieder laut Fründt – in *Terminator III* als Gottvater auftreten. Doch Scherz beiseite.

Schwarzenegger sah die Sache nüchtern und rührte unbeirrt die Werbetrommel: »Um Sony muß man sich keine Sorgen machen. Die haben genügend Geld. Die gehen schon nicht bankrott. Es gibt die Platte, die läuft super. Die Spielzeugfirma Mattel hat 20 Millionen für die Vermarktung gezahlt, Burger King 14. Es gibt sieben Videospiele und einen Themenpark. Es sind immer nur die Journalisten, die sich Sorgen um die hohen Budgets machen. Mich kümmert das nicht. Ich bin hier, um Geld auszugeben. Und ich bin der erste, der sicherstellt, daß es auch eine Chance gibt, das Geld zurückzukriegen. Deshalb promote ich den Film. Das ist meine Verantwortung.« Außerdem hat er Humor, der Arnold, und »wenn man Humor hat, kann man über jeden Job lachen.«

Was aber hat bloß seine Fans dazu bewegt, über seinen letzten Job eher zu lachen, anstatt dem »letzten Action-Held« an der Kinokasse gebührend zu huldigen? Letztendlich kann man nur Vermutungen anstellen. An Regisseur John McTiernan kann es nicht gelegen haben. Der hatte sich nicht nur bei Arnolds *Predator* bestens bewährt (und später mit *Die Hard* Bruce Willis zum Star gemacht), sondern er sorgt in *Last Action Hero* auch dafür, daß ständig die Hölle los ist. Auch wenn das nicht immer viel Sinn macht, aber das ist in neuzeitlichen amerikanischen Action-Filmen gang und gäbe. An dem Novum, daß hier ein 11jähriger erstmals mit großkalibrigen Kanonen herumballern darf, kann es auch nicht gelegen haben, jedenfalls nicht bei dem mit Faustfeuerwaffen gut ausgerüsteten amerikanischen Publikum.

An Arnold selbst kann es auch kaum gelegen haben. Der ist so, wie er immer war: stoisch, in vollem Körpereinsatz, stets einen lockeren Spruch auf den Lippen. Nur – Schwarzenegger ironisiert sein Helden-Image hier doch sehr stark, indem er aus der unwirklichen Filmwirklichkeit eines Jack-Slater-Films in die wirkliche Filmwirklichkeit eines Arnold-Schwarzenegger-Films umsteigt. Alles klar? Nein? Also: Der reale Arnold-Schwarzenegger-Film *Last Action Hero* beginnt damit, daß ein kleiner Junge in einem Kino den fiktiven Arnold-Schwarzenegger-Film »Jack Slater III« sieht, in dem Arnold Schwarzenegger den Polizisten Jack Slater spielt, dem

Gelassener Blick in die Zukunft: Arnold Schwarzenegger, der letzte Action-Held

immer alles gelingt und der nie verwundet wird. Mit Hilfe eines magischen Kino-Tickets gerät erst der kleine Junge in den Jack-Slater-Film, dann gerät Jack Slater in den Arnold-Schwarzenegger-Film – wo er unter anderem Arnold Schwarzenegger bei der Premiere des neuen Films »Jack Slater IV« trifft –, und weil ihm in dieser (Film-)Welt nicht mehr alles gelingt, wird er so schwer

verwundet, daß der kleine Junge ihn in den Jack-Slater-Film zurück-
bringen muß, damit er nicht stirbt beziehungsweise weiter Jack
Slater sein kann. Jetzt alles klar? Na also.

Das alles erscheint nur scheinbar kompliziert; tatsächlich kann auch
ein geistig müder 12jähriger den Film noch leicht begreifen, was ja
bei den meisten US-Action-Filmen der Fall ist. Andererseits liegt
hier der Hase doch vielleicht im Pfeffer: Mag sein, daß die Fans es
Arnold übelgenommen haben, daß er sich über sein Image des
unverwundbaren, harten Helden lustig gemacht hat. In der Tat kann
sich der Film nicht entscheiden, zu welchem Genre er gehört.
Action-Thriller, Buddy- und Körperfilm, Märchen- und Fantasy-
Film, Gags und Film-im-Film-Tricks sind hier zu einer Mixtur
zusammengerührt worden, die einen unguten, faden Geschmack
zurückläßt. Daran kann auch die Tatsache nichts ändern, daß in
dieser abgehobenen Film-im-Film-Geschichte, in der sogar ein
Zeichentrick-Kater und ein Computer-animierter Humphrey Bogart
mitspielen, stets noch andere (Hollywood-)Filme zitiert werden –
von *Denn sie wissen nicht, was sie tun* über *Amadeus* bis hin zu *E.T.*
und – selbstredend – einigen Arnold-Schwarzenegger-Werken.

Arnold läßt das alles kalt. »Ich habe keinen Druck. Ich bin völlig
entspannt«, sagt er 1993, als sich der Flop von *Last Action Hero*
abzeichnet, in einem Interview. »Ich mache nichts anderes als ein
Klempner, der jeden Tag zur Arbeit geht. Darauf läßt es sich
reduzieren. Ich gehe zur Arbeit und habe Spaß an dem, was ich tue.«
Was immer der am besten bezahlte Klempner der Welt demnächst
tun wird, man kann ziemlich sicher sein, daß für seine künftige
Film-Karriere einer seiner geflügelten Terminator-Sprüche gilt, der
auch in *Last Action Hero* mehrfach zitiert wird: »I'll be back.«

Filmographie

I. Filme

1. Hercules in New York (Herkules in New York)

USA 1970

Regie Arthur Allan Seidelman *Produktion* Ralf Industries (Aubrey Wisberg) *Ausführende Produzenten* Lewis G. Chapin jr., Murray M. Kaplan *Beteiligter Produzent* Willard W. Goodman *Location Manager* Parnell Hall, Merve Dayan *Regieassistenz* John Quill *Drehbuch* Aubrey Wisberg *Kamera* Leo Lebowitz (Farbe) *Kameraführung* Leon Perer *Schnitt* Donals Finamore *Art Direction* Perry Watkins *Kostüme* Charles D. Tomlinson *Garderobe* Yvonne Stoney *Make-Up* Reg Tackley *Opticals* Film Opticals *Musik* John Balamos *Ton* Abe Seidman, Al Ray *Tonschnitt* Simon Nuchtern *Titeldesign* Frank Hillsberg

Darsteller Arnold Strong (= ARNOLD SCHWARZENEGGER: Herkules), Arnold Stang (Pretzie), Deborah Loomis (Helen), James Karen (der Professor), Ernest Graves (Zeus), Tanny McDonald (Hera), Taina Elg (Nemesis), Michael Lipton (Pluto), Howard Burstein (Rod), Merwin Goldsmith (Maxie), George Bartenieff (Nitro), Erica Fitz (Venus), Diane Goble (Diana), Dan Hamilton (Merkur), Tony Carroll (Monstro), Mark Tendler (Samson), Dennis Tinerino (Atlas)

Laufzeit 91 Minuten (OF/DF), 94 Minuten (amerikanische Fernsehfassung)

Deutsche Erstaufführung 1985

Verleih VMP (Video)

Alternative Originaltitel »Hercules – The Movie« (Laufzeit 82 Minuten), »Hercules Goes Bananas« (Laufzeit 75 Minuten)

Durch sein despektierliches Benehmen bringt der Halbgott Herkules seinen Vater Zeus dazu, ihn mit einem Blitzstrahl auf die Erde zu schleudern. Herkules landet im Atlantik, wird von einem Frachter aufgefischt und zettelt an Bord schnell eine Schlägerei an, als er sich im Bewußtsein seiner Göttlichkeit rigoros weigert, das Deck zu schrubben. Im New Yorker Hafen begegnet er schließlich dem kleinen Brezelverkäufer Pretzie, der sich aus nicht ganz uneigennützigen Gründen anbietet, dem Fremden die Stadt zu zeigen. Auf einem Sportplatz im Central Park lernt Herkules dabei die hübsche Helen und ihren Vater, den Professor, kennen. Er macht ihr ohne Mühe den Freund abspenstig und rettet sie bei einer nächtlichen Kutschenfahrt sogar von einem entkommenen Bären. In der Folge steigt Herkules rasch zu einem berühmten Ringer auf. Pretzie wittert Morgenluft, spielt sich als sein Manager auf und unterschreibt einen Vertrag mit einer Handvoll Gangster. Auf dem Olymp hat sich Zeus inzwischen entschlossen, seinen Sohn zu bestrafen und ihn mit Hilfe der Göttin Nemesis einhundert Jahre in Plutos Unterwelt zu verbannen. Die eifersüchtige Hera wandelt den Befehl jedoch ab, und so erhält Herkules statt dessen ein Zauberpulver verabreicht, das ihm seine göttlichen Kräfte raubt. Pluto tut dann noch das Seine, als er vor dem nächsten Gewichtheber-Wettbewerb eine hohe Summe gegen Herkules setzt. Der sterblich gewordene Halbgott verliert den Wettbewerb, eine Verfolgungsjagd mit Pferdekutsche und Auto entbrennt, die schließlich in einer Lagerhalle endet. Die Gangster sind bereits im Begriff, das Quartett um die Ecke zu bringen, als Herkules seine Halbbrüder Atlas und Samson zu Hilfe eilen. Mittlerweile hat auch Zeus den infamen Plan Heras aufgedeckt und gibt seinem Sohn großmütig die göttlichen Kräfte zurück, bevor er selbst auf die scheinbar recht unterhaltsam gewordene Erde herniedensteigt.

»Durch das vor Ungereimtheiten strotzende Skript, den betont laienhaft spielenden Darstellern und nicht zuletzt dank der dem fertigen Film unterlegten Leiermusik, die in einer ewig durchlaufenden Tonband-Schleife immer wieder die gleichen drei Akkorde wiederholt, strahlt der Film eine Ruhe aus, die sich zwanghaft, fast hypnotisch, auf den Zuschauer überträgt und ihn wieder einmal von der Richtigkeit der alten Schulweisheit zu überzeugen vermag, daß griechische Sagen immer schon gut für ein Schläferstündchen waren.«

(Thomas Roth/Detlef Hedderich, *Enzyklopädie des phantastischen Films*)

2. The Long Goodbye (Der Tod kennt keine Wiederkehr)
USA 1973

Regie Robert Altman *Produktion* United Artists/Lion's Gate Films (Jerry Bick) *Ausführender Produzent* Elliott Kastner *Beteiligter Produzent* Robert Eggenweiler *Regieassistenz* Tommy Thompson *Drehbuch* Leigh Brackett. Nach dem Roman von Raymond Chandler *Kamera* Vilmos Zsigmond (Panavision, Technicolor)

Schnitt Lou Lombardo *Kostüme* Kent James, Marjorie Wahl *Make-Up* Bill Miller *Musik* John Williams *Song* »The Long Goodbye« von John Williams und Johnny Mercer *Ton* John V. Speak *Darsteller* Elliott Gould (Philip Marlowe), Nina van Pallandt (Eileen Wade), Sterling Hayden (Roger Wade), Mark Rydell (Marty Augustine), Henry Gibson (Dr. Verringer), David Arkin (Harry), Jim Bouton (Terry Lennox), Warren Berlinger (Morgan), Jo Ann Brody (Jo Ann Eggenweiler), Ken Sansom (Colony Gateman), Jack Knight/Arnold Strong (= ARNOLD SCHWARZENEGGER)/ Vince Palmieri (Schläger), Pepe Callahan (Pepe), Rutanya Alda/ Tammy Shaw (Marlowes Nachbarn), Jack Riley (Klavierspieler), Danny Goldman (Bartender), Sybil Scotford (Maklerin), Steve Croit (Farmer), Tracy Harris/Jerry Jones (Detectives), Rodney Moss (Angestellter), David Carradine
Laufzeit 113 Minuten (OF), 112 Minuten (DF)
Deutsche Erstaufführung 2. November 1973
Verleih United Artists

Modernisierte, von der Kritik eher zwiespältig aufgenommene Verfilmung des Chandler-Romans um den Privatdetektiv Philip Marlowe, der dem angeblichen Selbstmord seines Freundes Terry Lennox auf den Grund gehen will. Arnold Schwarzenegger spielt einen der Schläger des Gangsterbosses Marty Augustine, der sich von Lennox um sein Geld betrogen fühlt. »Er war ein recht angenehmer Typ. Ins Rampenlicht gedrängt hat er sich überhaupt nicht. Und ich hätte nie gedacht, daß er einmal so erfolgreich werden würde. Andererseits habe ich das Jack Nicholson seinerzeit auch nicht zugetraut.«
(Robert Altman)

3. Stay Hungry (Mister Universum)
USA 1976
Regie Bob Rafelson *Produktion* United Artists (Harold Schneider, Bob Rafelson) *Regieassistenz* Michael Haley *Drehbuch* Charles Gaines, Bob Rafelson. Nach dem Roman von C. Gaines *Kamera* Victor J. Kemper (DeLuxe) *Schnitt* John F. Link II *Production Design* Toby Rafelson *Dekor* Bob Gould *Musik* Bruce Langhorne, Byron Berline *Tonschnitt* Barry Thomas *Tonüberspielung* Richard R. Portman

Darsteller Jeff Bridges (Craig Blake), Sally Field (Mary Tate Farnsworth), ARNOLD SCHWARZENEGGER (Joe Santo), R.G. Armstrong (Thor Erickson), Robert Englund (Franklin), Helena Kallianiotes (Anita), Roger E. Mosley (Newton), Woodrow Parfrey (Craigs Onkel), Scatman Crothers (Butler), Kathleen Miller (Dorothy Stephens), Fannie Flagg (Amy Walterson), Joanna Cassidy (Joe Mason), Hal Foss (Richard Gilliland), Ed Begley jr. (Lester), John David Carson (Halsey), Joe Spinell (Jabo), Cliff Pellow (Walter jr.), Dennis Fimple (Bubba), Mayf Nutter (Packman)
Laufzeit 102 Minuten (OF/DF)
Deutsche Erstausstrahlung 12. August 1977 (ARD)
Verleih Warner Home (Video)

Alabama. Nach dem Tode seiner Eltern läßt sich der reiche Craig Blake mit drei Grundstücksspekulanten ein, in deren Auftrag er ein kleines Trainingsstudio kaufen soll. Beim ersten Gespräch mit dem Studiobesitzer Thor Erickson begegnet er zufällig dem österreichischen Bodybuilder Joe Santo, der sich auf die Mr. Universum-Meisterschaft vorbereitet. Man freundet sich an, schließlich verliebt sich Santos ehemalige Freundin Mary Tate in Craig. Als sich mehr und mehr abzeichnet, daß Blake kein Interesse an dem geplanten Deal mehr hat, lassen die Spekulanten eines Nachts das Studio demolieren. Blake springt ein und läßt sich von Erickson einen Schuldschein unterschreiben. Bei einer Gesellschaftsparty kommt es kurz darauf zum Eklat: Erbittert trennt sich Mary Tate, die miterleben muß, wie ihr Freund Joe von den anderen Gästen lächerlich gemacht wird, von Blake. Unterdessen haben die Spekulanten Kontakt mit Erickson aufgenommen: Sie machen ihm weis, ihn zum Manager eines geplanten Massageclubs machen zu wollen, und setzen zwei Prostituierte auf ihn an. Während andernorts bereits die Mr. Universum-Meisterschaft über die Bühne geht, vergewaltigt ein völlig betrunkener Erickson in seinem Studio die zufällig eintreffende Mary Tate. Es kommt zu einer Schlägerei zwischen dem alarmierten Blake und Erickson, dieweil Santo auf der Bühne den Titel für sich reklamieren kann. Erickson wird verhaftet, Blake übernimmt mit Santo die Leitung des Studios und teilt anschließend den Spekulanten mit, daß er überhaupt nicht an einen Weiterverkauf denke.
»Der Kontrast zwischen südstaatlichem Provinzialismus, seinen beengenden Traditionen und dem Aufbruch einer neuen Genera-

tion zu einem freieren, unkonventionelleren Leben, machen den Reiz der zwischen Satire und Gesellschaftskritik angesiedelten Inszenierung aus.«
(Rolf-Rüdiger Hamacher, *film-dienst*)
»Nacktheit präsentiert sich hier als Metapher statt als reine Wahrheit, und das impliziert zugleich, daß selbst ein derart monolithisches Bild unbewußt transformiert werden und neue, widersprüchliche Bedeutungen annehmen kann. Es scheint keine spezielle Wahrheit in der Pose, den ›Gesten‹, des von Arnold Schwarzenegger gespielten Bodybuilders zu liegen; die ganze Sache ist völlig offen und ironisch, wie Kunst eben sein sollte. Während Rafelson auf einer inhaltlichen Ebene daher den von Schwarzenegger repräsentierten Dingen durchaus positiv gegenübersteht (Jeff Bridges nimmt am Ende dessen Rat an), entziehen die Ebene der Bilder und die den ganzen Film durchziehenden, subtilen Bilderparallelen *Stay Hungry* dieses Wohlwollen wieder. Alles am eigentlichen Thema bleibt neutral und geheimnisvoll.«
(Mark LeFanu, *American Directors*)

4. Pumping Iron
USA 1977
Regie George Butler, Robert Fiore *Produktion* White Mountain Productions (George Butler, Jerome Gary) *Beteiligte Produzenten* Leonard Olsen, J. David Wyles *Aufnahmeleitung* J. David Wyles *Drehbuch* George Butler, Charles Gaines. Nach ihrem Buch *Kamera* Robert Fiore (TVC Color) *Kameraführung* Robby Wald, Joan Churchill, Gerald Cotts, Robert Leacock, John Karol, Eric Darsfead, James Signorelli *Schnitt* Lawrence Silk, Geof Bartz *Opticals* EFX Unlimited *Musik* Michael Small *Tonaufnahme* Francis Daniel, Joan Weidman, Hugh Little *Tonschnitt* Harry Lapham *Tonüberspielung* Lee Dichter *Titel* Martin S. Moskof
Darsteller ARNOLD SCHWARZENEGGER, Lou Ferrigno, Victoria Ferrigno, Matty Ferrigno, Mike Katz, Franco Columbu, Ed Corney, Ken Waller, Serge Nubert, Robin Robinson, Marianne Claire, Frank Zane, David Dupree, Eddie Juliani, Danny Padilla, Denny Gable, Roger Callard, Paul Grant, Bill Grant, John Isaacs
Laufzeit 85 Minuten
Dokumentarfilm. Arnold Schwarzeneggers Training für den Mr. Olympia-Wettbewerb 1975, seine Fotosessions, Wohltätigkeitsauf-

tritte im Gefängnis auf Terminal Island und psychischen Vorabduelle mit seinem Gegner Lou Ferrigno kulminieren im mühelosen Gewinn des Titels.

5. The Villain (Kaktus-Jack)
USA 1979

Regie Hal Needham *Produktion* The Villain Company. Für Rastar (Mort Engelberg) *Ausführender Produzent* Paul Maslansky *Beteiligter Produzent/Aufnahmeleitung* Stu Fleming *Regieassistenz* David Shamroy Hamburger, Toby Lovallo, Frank Bueno *Drehbuch* Robert G. Kane *Kamera* Bobby Byrne (Metrocolor) *Kameraführung* Ray de la Motte, Joseph Dallet Steuben *Luftaufnahmen* David Nowell *Schnitt* Walter Hannemann *Art Direction* Carl Anderson *Dekor* Robert Gould *Kostüme* Bob Mackie, Luster Bayless *Garderobe* Bud Clark, Betsy Faith Heimann, Michael Castellano *Make-Up* B.J. Turner, Hallie Smith-Simmonds, Dorothy Parkinson *Spezialeffekte* Cliff Wenger sr., Clifford Wenger jr., Carol Lynn Wenger *Musik* Bill Justis *Songs* »The Villain« von Buddy Cannon, Bob Younts und Billy Williams; »Handsome Stranger« von Jimmy Darrell und Joe Smartt; »Charmin'« von Buddy Cannon, Kenny Starr, Bob Younts und Jimmy Darrell, gespielt von Mel Tillis, Orchestrierungen von David H. Davis, Jack L. Martin, Carl Brandt und Bill Justis *Tonaufnahme* John V. Speak *Tonschnitt* Dale Johnston *Tonüberspielung* Bill McCaughey, Aaron Rochin, Mike Kohut *Stuntkoordination* Gary Combs *Stunts* Bobby Sargent, Walter Wyatt, John Ashby, Jim Burgdorf, Steve Chambers, Gilbert Combs, H.P. Evetts, Clifford Happy, Bennie Moore jr., Jeff Ramsey, Larry Randles, Joree Sirianni, Susan Backlinie, Regina Parton, Jeanie Coulter, Andree Williams *Titel* Pacific Title *Darsteller* Kirk Douglas (Kaktus-Jack Slade), Ann-Margret (Charming Jones), ARNOLD SCHWARZENEGGER (Schönchen Fremder), Paul Lynde (Genervter Elch), Foster Brooks (Bankangestellter), Ruth Buzzi (Schöne in Not), Jack Elam (Avery Simpson), Strother Martin (Parody Jones), Robert Tessier (Matschiger Finger), Mel Tillis (Telegraphist), Laura Lizer Sommers (Arbeiterin), Ray Bikkel (Mann), Jan Eddy (Sheriff), Mel Todd (Schaffner), Jim Anderson (Bartender), Ed Little (kleiner Mann in der Bar), Dick Dickinson/Richard Brewer (Männer in der Bar), Charles Haigh/Ron Duffy/Earl W. Smith/Mike Cerre/Lee Davis (Verkäufer),

Dick Armstrong (Kartenverkäufer), Sheldon Rosner (kleiner Mann vor der Bank), Budd Stout (Schmied)
Laufzeit 89 Minuten (OF), 88 Minuten (DF)
Deutsche Erstaufführung 18. Januar 1980
Verleih Warner-Columbia (Kino), Warner Home (Video)

Der Wilde Westen. Nach einem mißglückten Banküberfall im Gefängnis gelandet, nimmt der böse Kaktus-Jack notgedrungen

›The Villain‹

das Angebot des Minenbesitzers Avery Simpson an: Er soll der hübschen Charming Jones das Geld abknöpfen, mit dem ihr Vater seinen Anteil an der Mine bezahlen will. Der Haken dabei ist, daß Charming von dem etwas hölzernen Cowboy »Schönchen Fremder« beschützt wird. In der Folge versucht Kaktus-Jack mit allerlei Tricks zum Zuge zu kommen, stolpert dabei aber immer wieder über seine eigene Cleverness: Mal ist der Revolver schon vor dem Überfall leergeschossen, mal plumpst der riesige Felsbrocken statt dessen auf ihn herab, mal trickst ihn der aufgemalte Bergtunnel selber aus, mal leimt er sich selbst auf die Geleise. Doch auch Charming Jones hat kein Glück: Wieder und wieder versucht sie, Schönchen Fremder zu verführen, doch prallen alle ihre Künste an dessen erstaunlicher Naivität schlicht ab. Nach einer wilden Indianerverfolgungsjagd erwischt Kaktus-Jack die beiden schließlich in einer Hütte am Wegesrand. Der gezogene Revolver erweist sich indes als unnötig: Charming Jones hat inzwischen die Nase voll von Schönchen Fremder und wirft sich schnurstracks Kaktus-Jack in die ungewaschenen Arme.

»Ihren Witz bezieht diese Komödie ausschließlich aus dem fast buchstäblich zu nehmenden ständigen Auf-die-Nase-fallen des Hauptdarstellers Kirk Douglas, der auch schon bessere Tage gesehen hat. Spätestens nach der dritten Wiederholung dieser ›dramaturgischen Schleife‹ wirkt das Ganze doch eher langweilig... Arnold Schwarzenegger weiß auch nicht mehr beizusteuern als ein bemühtes Grinsen.«

(Josef Schnelle, *film-dienst*)

6. Conan the Barbarian (Conan der Barbar)

USA 1982

Regie John Milius *Produktion* Dino de Laurentiis. Eine Edward R. Pressman Produktion (Buzz Feitshans, Raffaella de Laurentiis) *Ausführende Produzenten* D. Constantine Conte, Edward R. Pressman *Beteiligter Produzent* Ed Summer *Produktionskoordination* Barbara Back *Aufnahmeleitung* Vicente Escriva jr. *Location Manager* Juan Clemente, (Koord.) Carl Graham *Regieassistenz* Pepe Lopez Rodero, Victor Albarran, José Luis Garcia-Berlanga, Massimo Trabaldo, Robert Cirla *Second Unit* (Regie) Terry J. Leonard, (Aufnahmeleitung) Pepe Escriva, (Regieassistenz) Kuki Lopez, (Kamera) John Cabrera, (Kameraführung) Julio Madurga *Dreh-*

buch John Milius, Oliver Stone. Nach Charakteren von Robert E. Howard *Kamera* Duke Callaghan (Todd-AO, Technicolor) *Kameraführung* Ricardo Navarrete, Herbert Smith *Schnitt* C. Timothy O'Meara, (Bet.) Fred Stafford *Production Design* Ron Cobb *Art Direction* Pierluigi Basile, Benjamin Fernandez *Dekor* Giorgio Postiglione *Produktionskünstler* William Stout *Skulpturen* Peter Voysey *Scenic Artist* Sid Regan, Julian Martin, Giorgio Palomba *Kostüme* John Bloomfield *Garderobe* Franco Antonelli (Überw.), Andres Fernandez, Martin Diaz *Make-Up:* José Antonio Sanchez, (Sandahl Bergman) Pamela L. Peitzman *Spezielle Make-Up Effekte* Carlo de Manchis (Überw.), Colin Arthur *Visuelle Spezialeffekte* Frank van der Veer *Matte-Beratung* Dennis Bartlett *Spezialeffekte* Nick Allder (Überw.), George Gibbs, Antonio Parra, (Techn.) Richard Conway, Ron Hone, John McGoldrick, Barry Whitrod, Roger Nichols, Giuseppe Tortora, Antonio Balandin *Animationseffekte* Visual Concepts Engineering, Peter Kuran *Optical-Animation* RGB Opticals, James R. Hagedorn *Animation* Katherine Kean, Len Morgantt, Susan Turner *Modelle* Emilio Ruiz Del Rio *Geistige Beratung* Dr. Fred L. Rexer *Technische Beratung* L. Sprague de Camp *Massenkoordination* Roberto Cirla *Schlangendressur* Dr. Yves de Vestel Tiva *Schwertmeister* Kiyoshi Yamasaki *Tierdressur* Francisco Ardura *Musik/Musikalische Leitung* Basil Poledouris *Musikschnitt* Robert Randles *Orchestrierung* Greg McRitchie *Tonaufnahme* Jim Willis *Tonschnitt* Fred J. Brown (Überw.), Bub Asman, Michele Sharp, (Dial.) Caryl Wickman *Tonüberspielung* Wayne Artman, Tom Beckert, Michael Jiron *Stuntkoordination* Terry J. Leonard, Juan Majan *Stunts* Tony Brubaker, Jim Burk, Corrie Jansen, Larry Randales, Ben Scott, John Scott, Walter Scott, Bob Terhune, José Luis Ayestaran, Bettina Brenner, Chinchilla, Ricardo Cruz *Titeldesign* Title House *Titel/Opticals* Van der Veer Photo Effects

Darsteller ARNOLD SCHWARZENEGGER (Conan), James Earl Jones (Thulsa Doom), Max von Sydow (König Osric), Sandahl Bergman (Valeria), Ben Davidson (Rexor), Cassandra Gaviola (Hexe), Gerry Lopez (Subotai), Mako (Zauberer), Valerie Quinnessen (Prinzessin), William Smith (Conans Vater), Luis Barboo (Rothaar), Franco Columbo (piktischer Scout), Leslie Foldvary (Schlangenopfer), Gary Herman (Osrics Wache), Erick Holmey (turanischer Offizier), Akio Mitamura (mongolischer General), Nadiuska (Conans Mutter), Jorge Sanz (junger Conan), Jack Taylor (Prie-

›Conan the Barbarian‹

ster), Sven Ole Thorsen (Thorgrim), Kiyoshi Yamasaki (Schwert-
meister)
Laufzeit 129 Minuten (OF), 126 Minuten (DF)
Deutsche Erstaufführung 25. August 1982
Verleih Neue Constantin (Kino/Video)

›Conan the Barbarian‹

Die graue Vorzeit, kurz nach dem Untergang von Atlantis. Auf der
Suche nach dem Geheimnis des Stahls gelangt der dämonische
Thulsa Doom mit seinen Recken in das eiskalte, vom Schnee
verwehte Nordland Cimmeria. Seine Leute töten gnadenlos die
Bewohner eines kleinen Dorfes; einige Kinder, die das Gemetzel

130

überleben, werden nach Süden verschleppt. Unter ihnen befindet sich auch der Knabe Conan, dessen Mutter Thulsa Doom eigenhändig geköpft hat. Die entführten Kinder sterben bei der Fronarbeit, nur Conan überlebt. Durch lange Jahre selbständigen Mühlendrehens zum muskulösen Mann gereift, behauptet er sich in einigen tödlichen Schaukämpfen und wird schließlich in die Freiheit entlassen. Sogleich zieht er aus, sich an Thulsa Doom zu rächen. Nachdem er sich ein Schwert besorgt, eine Hexe entkörperlicht und in dem Mongolen Subotai einen Gefährten gewonnen hat, will er sein Glück im Reiche König Osrics von Zamora versuchen. Dort tut er sich mit Valeria, der Königin der Diebe, zusammen und startet einen großen Fischzug. Osric läßt Conan und seine Gefährten festnehmen, verspricht ihnen jedoch die Freiheit, wenn das Trio seine Tochter Yasimina aus den Klauen Thulsa Dooms befreit. Dieser ist inzwischen zum Führer des gefürchteten Schlangenkultes aufgestiegen. Nachdem Conan in der Maske eines Priesters in Dooms Tempel eingeschlichen ist, wird er entlarvt und an einen Baum gekettet: ein Fressen für die Geier. Valeria und Subotai retten ihn, lassen den Halbtoten von einem Magier wieder zum Leben erwecken und setzen zum Sturm auf Thulsa Dooms Tempel an. Es kommt zu einem fürchterlichen Blutbad. Die Entführung Yasiminas gelingt, doch Valeria stirbt an einem Schlangenpfeil. Nach der siegreichen Schlacht gegen Dooms Armee dringt Conan erneut in dessen Marmorpyramide ein, köpft den Sektenführer und steckt hernach den Tempel in Brand.

»In *Conan the Barbarian* bündeln sich wie in einem Brennglas eine ganze Reihe von Urängsten (die Angst vor sich selbst ebenso wie die Angst vor der physischen Überlegenheit eines Anderen, die auch seine geistige Überlegenheit miteinschließen kann) und verschmelzen mit der unsublimierten sexuellen Potenz zu einem dumpfen Gefühl der Angst vor der Welt im Allgemeinen, die sich in einem einzigen Kraftakt, dem Akt der Tötung des Anderen, als Reinigung und Selbstbestätigung kataklysmisch entleert. Zurück bleibt nur eine Welt in Feuer gehüllt.«

(Detlef Hedderich/Thomas Roth, *Enzyklopädie des phantastischen Films*)

»Das Problem von *Conan* ist, daß die antiliberale Haltung trotz reichlicher Gegenwartsbezüge doch ziemlich beschränkt ist. Und

als normale Sword & Sorcery ist der Film ein tödlicher Langweiler. Die Dialoge sind weniger anachronistisch als funktionell, für dumpfe Gemüter geschrieben; die spektakulären Elemente wiederum – die spanischen Drehorte und der pompöse Soundtrack Basil Poledouris' – gehen zurück auf die Epen der Sechziger (als Essay über Heldentum bleibt der Film genauso in der Startbox stehen wie seinerzeit *El Cid*). Trotz aller mythologischen Vorwände sind die Figuren aus plattestem Comic-Material geschnitten, und weder die christusgleichen Leiden... noch die ödipale Natur seiner Rache verleihen Schwarzeneggers Conan irgendeine Tiefe.«
(*Monthly Film Bulletin*)

7. Conan the Destroyer (Conan der Zerstörer)
USA 1984

Regie Richard Fleischer *Produktion* Dino de Laurentiis Corporation. Eine Edward R. Pressman Produktion. Für Universal (Raffaella de Laurentiis) *Ausführender Produzent* Stephen F. Kesten *Produktionsüberwachung* Kuki Lopez Rodero, Anuar Badin, Moira Kelly *Aufnahmeleitung* Stephen F. Kesten *Location Manager* Juan Clemente *Drehbuch* Stanley Mann *Story* Gerry Conway, Roy Thomas. Nach der Figur von Robert E. Howard *Kamera* Jack Cardiff (Scope, Technicolor) *Kameraführung* Neil Binney, John Cardiff *Schnitt* Frank J. Urioste *Production Design* Pier Luigi Basile *Art Direction* Kevin Phipps, José Maria Alarcon *Set Dresser* Giorgio Desideri *Storyboards* Maurice Zuberano *Konzept* Bill Stout *Skulpturen* Andrew Holder, John Haydn Larson jr. *Kostüme* John Bloomfield *Garderobe* Thomas Casterline (Überw.), Ana Maria Infante *Make-Up* Luigi Rochetti *Spezielle Make-Up Effekte* Gianetto de Rossi *Visuelle Spezialeffekte* Barry Nolan, (Koord.) Charles Finance *Optische Graphik* Michael Lloyd *Spezialeffekte* John Stirber (Überw.), Steve Humphrey, Chuck Stewart, Alfonso Gutierrez, Antonio Balandin *Animation* Sam Kirson, Garry Payne *Modelle* Emilio Ruiz del Rio, Jacinto Soria, Pablo Alonso, Angel Arriola *Dagoth* Carlo Rambaldi (Des.), Steve Townsend, Paolo Scipione, Bruno Rubeo, Bruno Landis, Laurie Marems, Federica Gallen, Jack Smalley *Technische Beratung* L. Sprague de Camp *Schwertmeister* Kiyoshi Yamasaki *Tierdressur* Timoteo Nevado Roman *Musik/Musikalische Leitung* Basil Poledouris. Gespielt von

Unione Musicisti *Orchestrierung* Greg McRitchie, Jack Smalley *Musikalische Beratung* Gilbert Marouani *Musikschnitt* Dan Allan Carlin *Tonaufnahme* Manuel Topete *Tonschnitt* Milton C. Burrow (Überw.), Keith Stafford, Lorane Mitchell, Ray Alba, Jack Kirschner, Scott Burrow *Tonüberspielung* Wayne Artman, Tom Beckert, Tom Dahl *Stuntkoordination* Vic Armstrong, Miguel Pedregosa *Stunts* Joaquin Oliva Mena, José Panizo, José Maria Serrano, Ignacio Carreno Lopez, Roman Ariznavarreta, Cory Pierson, Nate Brown *Titeldesign* Bob Schaeffer, Title House *Titel/Opticals* Van der Veer Photo Effects

Darsteller ARNOLD SCHWARZENEGGER (Conan), Grace Jones (Zula), Wilt Chamberlain (Bombaata), Mako (Akiro), Tracey Walter (Malak), Sarah Douglas (Königin Taramis), Olivia D'Abo (Prinzessin Jehnna), Pat Roach (Menschenaffe/Toth-Amon), Jeff Corey (Großwesir), Sven Ole Thorsen (Togra), Bruce Fleischer (Dorfausrufer), Ferdinand Mayne (Anführer)

Laufzeit 101 Minuten (OF/DF)

Deutsche Erstaufführung 19. Oktober 1984

Verleih Neue Constantin (Kino), RCA-Columbia (Video)

Mit dem Versprechen, seine dahingeschiedene Liebe Valeria wieder zum Leben zu erwecken, überredet die böse Königin Taramis Conan dazu, ihre Nichte Jehnna bei einer tödlichen Mission zu begleiten. Es gilt, aus dem Schloß des Magiers Toth-Amon einen magischen Schlüssel zu beschaffen, der den Zugang zu einer Gruft gewährt, in dem sich ein juwelenbesetztes Horn findet, mit dem sich wiederum der träumende Gott Dagoth zum Leben erwecken läßt. Zusammen mit Jehnna, seinem Gefährten Malak und dem Hünen Bombaata, der ihn auf Taramis' Befehl nach Abschluß der Mission umbringen soll, macht sich Conan auf den Weg. Unterwegs rettet er seinen Zaubererfreund Akiro vor Kannibalen und die Banditin Zula vor aufgebrachten Dörflern. Im Schloß Toth-Amons angekommen, besiegt Conan den Magier im Duell und räumt hernach mit Bombaatas Meuchelmördern auf. Jehnna führt sie zu der Gruft des Horns, wo es Bombaata während des Kampfes mit den Hornwächtern gelingt, die als Opfer für Dagoth auserkorene Jehnna zu entführen. Als Conan und seine Mitstreiter ins Schloß gelangen, hat der auferstandene Dagoth Taramis bereits umgebracht und den halben Palast in Schutt und Asche gelegt. Im Kampf gelingt es Conan, das Horn aus der Stirn des Monsters

›Conan the Destroyer‹

herauszureißen, Dagoth verwandelt sich in einen Scherbenhaufen.
Jehnna übernimmt den Thron und ernennt Akiro zum Hofzaube-
rer, Zula zum Hauptmann der Wache und Malak zum Hofnarren.
Conan dagegen, noch immer von Valeria schwärmend, reitet von
dannen.

»Dies ist kein Kino der großen Mythen, dafür sind die Beweg-
gründe der Helden zu eindimensional, auch fehlt der Geschichte
die Zeitlosigkeit großer Sagenstoffe. Hier geht es vielmehr um
kurzweilige Unterhaltung. Die vielen Kämpfe werden recht unblu-
tig ins Szene gesetzt und die waffenstarrende Atmosphäre wird
durch humorvolle Einfälle entkrampft. Conan, der sogar witzig
sein kann, ist weniger der Übermensch der Romanvorlage von
Robert E. Howard als ein archaischer Vorfahre von Indiana
Jones.«
(Hans Messias, *film-dienst*)

»Trotz Humor und Action überwiegt der Eindruck eines bloßen
Routine-Jobs, die eher spartanisch-phantasielos ausgeführten
Bauten... und die äußerst zwiespältigen Tricks bleiben stets als
solche erkennbar und verstärken das Künstliche. Selbst die beste
Erfindung, Toth-Amons Spiegelkabinett, ist in Wirklichkeit ein
alter Hut, mit dem Auftritt des Magiers in der Kutte von Poes
›Rotem Tod‹ und zurückgehend auf Orson Welles' *Lady from
Shanghai.*«
(Peter Gaschler, *Heyne SF-Magazin*)

8. The Terminator (Terminator)
USA 1984
Regie James Cameron *Produktion* Cinema 84. Eine Pacific Western
Produktion. Für Orion (Gale Ann Hurd) *Ausführende Produzenten*
John Daly, Derek Gibson *Produktionsausführung* Bruce M. Kerner
Produktionskoordination Kathy Breen. *Aufnahmeleitung* Donna
Smith *Location Manager* Joseph A. Liuzzi *Post-Production* Donna
Smith, (Mus.Koord.) Robert Randles *Regieassistenz* Betsy Magru-
der, Thomas Irvine, Robert Roda *Second Unit* Jean-Paul Ouellette,
(Eff.) Stan Winston, (Kam.) John Hunek, (Kam.Fü.) Sean McLin,
(Gard.) Julia Gombert, (M-up) Kyle Tucy *Drehbuch* James Came-
ron, Gale Ann Hurd *Zusätzliche Dialoge* William Wisher jr.
Kamera Adam Greenberg (CFI Color. Kopien von DeLuxe)
Farbberatung Peter Silverman *Effektkamera* Austin McKinney
Insertkamera Anne Coffey *Kameraführung* (Zus.) Alec Hirschfeld
Schnitt Mark Goldblatt, (Bet.) Michael Bloecher *Art Direction*
George Costello *Dekor* Maria Rebman Caso *Set Dressers* Cindy
Rebman, Greg Wolf *Scenic Artist* Amy McGary, Kristen McGary

Kostüme (Des.) Hilary Wright, (Überw.) Deborah Everton *Make-Up* Jefferson Dawn *Visuelle Spezialeffekte* Fantasy Film II Effects, (Prod.Überw.) Leslie Huntley *Rückpro* Gerald McClain *Opticals* Ray Mercer and Company, (Eff.) Image 3, Laurel Klick, Phil Huff, (Ber.) Mark Sawicki *Matte-Künstler* Ken Marschall *Spezialeffekte* Gene Warren jr. (Überw.), Ernest D. Farino (Koord.), Roger George, Frank DeMarco *Animationseffekte* Ernest D. Farino *Modelle* Michael Joyce (Überw.), Gary Rhodaback, Paul Kassler *Pyrotechnische Effekte* Joseph Viskocil *Terminator-Effekte* Stan Winston (Ltg.), Shane Mahan, Tom Woodruff, John Rosengrant, Richard Landon, Brian Wade, David Miller, Jack Bricker, (Mech.Eff.) Ellis Burman jr., Bob Williams, (Stop-Motion) Peter Kleinow, Doug Beswick (Mod.) *Tierdressur* Birds and Animals Unlimited *Bedienung des GMF-Roboters* Ellison Machinery *Bedienung der Motoman-Roboter* Yaskawa Electric America *Musik* Brad Fiedel *Musikberatung* Budd Carr *Musikschnitt* Emile Robertson *Songs* »You Can't Do That« von Ricky Phillips, »Photoplay« von Tahnee Cain, Pug Baker und Jonathan Cain, »Burnin' in the Third Degree« von Tahnee Cain, Mugs Cain, Dave Amato, Brett Tuggle und Ricky Phillips, gespielt von Tryanglz; »Pictures of You« von Jay Ferguson, gespielt von 16 mm; »Intimacy« von Linn van Hek und Joe Dolce, gespielt von Linn van Hek *Tonaufnahme* Richard Lightstone *Toneffekte* Mayflower Films, (Synthesizer) Robert Garrett *Toneffektschnitt* Gil Marchant, Jim Klinger, Jim Fritch, Greg Dillon, Horace Manzanares, Gary Shepherd, Mike Le Mare, Karola Storr, Rob Miller *Tonschnitt* David Campling (Überw.) *Foley-Schnitt* Gordon Daniel, John Post *Tonüberspielung* Terry Porter, David J. Hudson, Mel Metcalfe *Stuntkoordination* Ken Fritz *Stunts* Gary McLarty, Frank Orsatti, Peter Turner, Tom Hart, Gene Hartline, Hill Farnsworth, Tony Cercere, Jeff Dashnow, Marion Green, Jim Stern, Jean Malahni, J. Suzanne Fish *Titeldesign* Ernest D. Farino

Darsteller ARNOLD SCHWARZENEGGER (Terminator), Michael Biehn (Kyle Reese), Linda Hamilton (Sarah Connor), Paul Winfield (Traxler), Lance Henriksen (Vukovich), Rick Rossovich (Matt), Bess Motta (Ginger), Earl Boen (Silberman), Dick Miller (Besitzer des Waffenladens), Shawn Schepps (Nancy), Bruce M. Kerner (Sergeant), Franco Columbu (zukünftiger Terminator), Bill Paxton (Anführer der Punks), Brad Rearden/Brian Thompson (Punks), William Wisher jr./Ken Fritz/Tom Oberhaus (Polizi-

›The Terminator‹

sten), Ed Dogans (Polizist in Seitenstraße), Joe Farago (TV-Nach-richtensprecher), Hettie Lynne Hurtes (TV-Nachrichtensprecherin), Tony Mirelez (Tankwart), Philip Gordon/Anthony J. Trujillo (mexikanische Jungen), Stan Yale (Penner), Al Kahn/Leslie Morris/Hugh Farrington/Harriet Medin/Loree Frazier/James Ralston (Kunden), Norma Friedman (Reiniger), Barbara Powers (Kartenkontrolle), Wayne Stone (Tankerfahrer), David Pierce (sein Partner), John E. Bristol (Mann in der Telefonzelle), Webster Williams (Reporter), Patrick Pinney (Gast in der Bar), Bill W. Richmond (Motelgast), Chino »Fats« Williams (Trucker), Gregory Robins (Motelgast), Marianne Muelleleile (falsche Sarah), John Durban (Wache)
Laufzeit 107 Minuten (OF/DF)
Deutsche Erstaufführung 15. März 1985
Verleih Filmverlag der Autoren (Kino), VCL (Video)

»Los Angeles im Jahre 2029. Die Maschinen erhoben sich aus der Asche des nuklearen Feuers. Ihr Krieg zur Vernichtung der Menschheit hatte Jahrzehnte lang gewütet. Aber die letzte Schlacht sollte nicht in der Zukunft geschlagen werden. Sie wird hier geschlagen, in unserer Gegenwart. Heute nacht...«

Los Angeles 1984, 1.52 Uhr morgens. Unter grellen Blitzen materialisiert ein nackter Hüne aus dem Nichts, mischt brutal drei Punks auf und stiehlt ihnen die Kleider. Wenig später materialisiert in einer anderen Seitengasse ein zweiter nackter Mann, Kyle Reese. Auch er stiehlt sich neue Kleider zusammen, bevor er sich aus dem Telefonbuch die Adresse der Kellnerin Sarah Connor besorgt. Unterdessen betritt der Hüne einen Waffenladen, läßt sich etliche automatische Gewehre vorführen, erschießt den Ladenbesitzer anschließend kurzerhand und ermordet kaltblütig eine ahnungslose Hausfrau, die erste von drei Sarah Connors im Telefonbuch. Als sich ein zweiter Mord an einer anderen Sarah Connor ereignet, wird Detective Traxler auf die Methode des Killers aufmerksam und versucht, die dritte und letzte Sarah Connor über das Fernsehen zu warnen. Tatsächlich sieht Sarah den Nachrichtenspot und ruft an, flüchtet dann jedoch vor ihrem vermeintichen Verfolger Reese in eine Disco namens Tech Noir. Während der Hüne in ihre Wohnung eindringt und ihre Freundin und deren Geliebten umbringt, verrät Sarah durch einen panischen Anruf unabsichtlich ihren Aufenthaltsort. Der Hüne dringt in das Tech Noir ein, nur Reese kann in letzter Sekunde ein Blutbad verhindern. Auf der anschließenden Flucht vor dem scheinbar unverwundbaren Fremden klärt Reese die hysterische Sarah auf. Ihr Gegner sei ein »Terminator«, Modell Cyberdyne Systems 101: ein Cyborg, der sie als Ziel zur Vernichtung auserkoren habe. Er stamme aus derselben Zukunft wie Reese, einer möglichen Zukunft aus Sarahs Warte, in der ein von neuartigen Abwehrnetzcomputern ausgelöster Atomkrieg die Menschheit beinahe vernichtet und die Maschinen an die Macht gebracht habe. In dieser Zukunft seien die Menschen gnadenlos versklavt worden, hätten dann jedoch unter Führung des Rebellen John Connor das Heft herumgerissen; mittlerweile stünden die Maschinen dicht vor einer Niederlage. Der Terminator sei in die Vergangenheit geschickt worden, um die Mutter John Connors, eben Sarah, vor seiner Geburt zu ermorden und die Geschichte damit rückwirkend zu ändern. Sarah glaubt Reese zunächst nicht; als der Terminator sie erneut aufspürt, muß sie ihre Meinung jedoch revidieren. Die anschließende Verfolgungsjagd endet in einem spektakulären Crash. Während der Terminator entkommt und in einer Absteige seine beschädigten Systeme repariert, wird Reese von einem Kriminalpsychologen verhört, der ihn kurzerhand zum

Irren stempelt. Wenig später dringt der Terminator in die Polizei-
station ein und richtet ein beispielloses Blutbad an. Reese und
Sarah gelingt die Flucht in ein abgelegenes Motel, wo Reese von
seiner Zukunft erzählt und von einem Bild Sarahs, in das er sich
verliebt habe. Beide schlafen miteinander. Als Sarah ihre besorgte
Mutter anrufen will, erreicht sie jedoch den Terminator, der ihr mit
verstellter Stimme ihren Aufenthaltsort abschwatzt. Noch einmal
gelingt die Flucht; in ihrem Verlauf gelingt es Reese, den Tankla-
ster des Terminators in die Luft zu jagen. Als sich Reese und Sarah
umarmen, erhebt sich eine Gestalt aus den Flammen: Die Haut
des Terminators ist verbrannt, sein metallenes Innenleben aber
nach wie vor intakt. Der beschädigte Roboter hetzt Sarah und
Reese in eine Fabrik, wo ihn Reese unter Einsatz seines Lebens in
die Luft sprengen kann. Als selbst dessen Einzelteile hinter Sarah
herkriechen, lockt sie den Überrest des Terminators unter eine
Metallpresse und zerquetscht ihn. Wenig später fährt eine sichtlich
reifere Sarah an einer mexikanischen Tankstelle vor. Ein kleiner
Junge schießt ein Bild von ihr und warnt sie, daß ein großer Sturm
heraufziehe. »Ich weiß«, meint Sarah und fährt davon, in die
Berge.
»Gemacht ist das vorzüglich. Neben der temporeichen Inszenie-

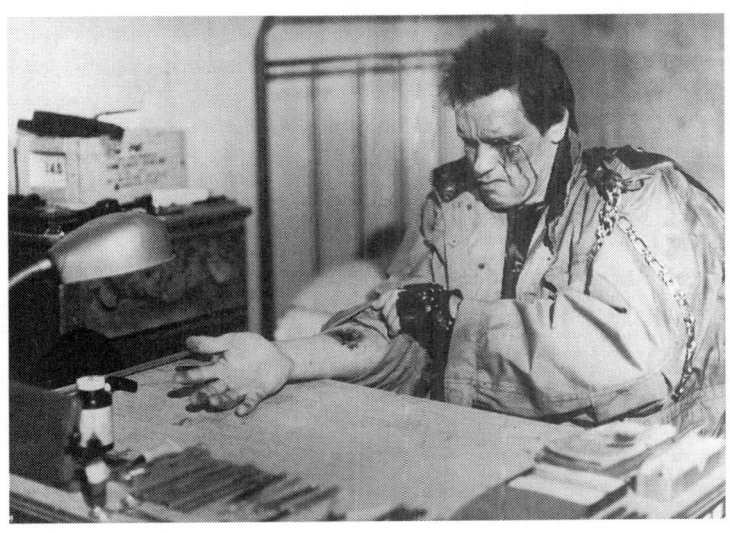

>The Terminator‹

rung glänzt Adam Greenbergs Kamera durch eine in dieser Perfektion selten gesehene Lichttechnik. Und auch Kraftprotz Arnold Schwarzenegger, einstmals Mister Universum, erweist sich als Idealbesetzung, auch oder gerade weil er im Inneren eigentlich nur aus Stahl ist.«
(Gert Berghoff, *Kölnische Rundschau*)

»Oberflächlich betrachtet, ist Camerons Film ein spannender Action-Thriller, der dem Zuschauer über die ganze Länge hinweg keine Verschnaufpause gönnt. Gut drei Viertel des Films bestehen aus rasant geschnittenen Autoverfolgungsjagden und Schießereien im nächtlichen Los Angeles, einer Stadt, die trostlos und schmutzig erscheint: in den Straßen betrunkene Punks, Obdachlose und arme Menschen; riesige Schaufelbagger kommen zum Einsatz und sind ohne Mühe als Vorläufer jener monströsen Kampfpanzer zu identifizieren, die in den Zukunftssequenzen neben den Kampfhubschraubern die Szene beherrschen (...) In seiner narrativen Tiefenstruktur folgt der Film wesentlich dem biblischen Verkündigungsmythos: Kyle, der am Anfang buchstäblich vom Himmel fällt und der seine Zeitreise als schmerzhafte ›zweite Geburt‹ beschreibt, wandelt sich im Verlauf des Films vom ›Schutzengel‹ zum ›Verkündigungsengel‹ für Sarah. Er prophezeit ihr, sie würde die Mutter eines Mannes werden, der eindeutig messianische Züge trägt und der – auch das ist höchst signifikant – nirgendwo im Film selbst auftritt.«
(Ursula von Keitz, *Enzyklopädie des phantastischen Films*)

9. Red Sonja (Red Sonja)
USA 1985
Regie Richard Fleischer *Produktion* Dino de Laurentiis. Für MGM/UA (Christian Ferry) *Ausführender Produzent* A. Michael Lieberman *Beteiligter Produzent* José Lopez Rodero *Produktionskoordination* Marina de Tiberiis, Golda Offenheim *Aufnahmeleitung* Lucio Trentini *Location Manager* Robert de Laurentiis *Regieassistenz* José Lopez Rodero, Mauro Sacripanti, Michel Ferry *Second Unit* Vic Armstrong, Juan Carlos Lopez *Drehbuch* Clive Exton, George MacDonald Fraser. Nach Charakteren von Robert E. Howard *Kamera* Giuseppe Rotunno (Technovision, Technicolor. Kopien von Metrocolor) *Matte-Kamera* Albert Whitlock *Ka-*

›Red Sonja‹ – Mit Brigitte Nielsen, Ernie Reyes jr. und Paul Smith.

meraführung Gianni Fiore Coltellaci, Cesare Allione *Schnitt* Frank
J. Urioste *Production Design* Danilo Donati *Art Direction* Gianni
Giovagnoni *Set Dresser* Giacomo Carducci *Skulpturen* Giulio
Tamassy *Kostüme* Danilo Donati *Garderobe* Franco Antonelli,

Thomas Casterline, Emanuela Alteri *Spezielle Make-Up Effekte* Rino Carboni *Visuelle Spezialeffekte* Universal City Studios, Barry Nolan, Van der Veer Photo Effects *Matte-Künstler* Syd Dutton, Bill Taylor, Dennis Glouner *Spezialeffekte* John Stirber *Design Fisch/ Spinne* Colin Arthur, Giuseppe Tortora *Modelle* Emilio Ruiz del Rio *Musik* Ennio Morricone *Orchestrierung* Franco Tamponi *Musikschnitt* Cesare d'Amico *Tonaufnahme* Amelio Verona, Sergio Marcotulli *Tonschnitt* Les Wiggins *Tonüberspielung* William McCaughey, Jay M. Harding, Ray O'Reilly *Stuntkoordination* Sergio Mioni *Martial Arts* Kiyoshi Yamazaki, Ernie Reyes sr. *Titeldesign* Barry Nolan, Van der Veer Photo Effects
Darsteller Brigitte Nielsen (Red Sonja), ARNOLD SCHWARZEN-EGGER (Kalidor), Sandahl Bergman (Gedren), Paul Smith (Falkon), Ernie Reyes jr. (Prinz Tarn), Ronald Lacey (Ikol), Pat Roach (Brytag), Terry Richards (Djart), Janet Agren (Varna), Donna Osterbuhr (Kendra), Lara Naszinsky (Gedrens Dienerin), Hans Meyer (Red Sonjas Vater), Francesca Romana Coluzzi (Red Sonjas Mutter), Stefano Mioni (Barlok), Tutte Lemkow (Zauberer), Kiyoshi Yamazaki (Kyobo), Tad Horino (Schwertmeister)
Laufzeit 89 Minuten (OF), 88 Minuten (DF)
Deutsche Erstaufführung 5. September 1985
Verleih Tobis (Kino), Thorn-EMI (Video)

Nach der Ermordung ihrer Eltern von Hand der bösen Königin Gedren erscheint der jungen Sonja ein Geist, der sie auf magische Weise zu einer unschlagbaren Schwertkämpferin macht. Während Sonja ihre neuen Fähigkeiten noch an einem berühmten Schwertmeister testet, dringt Gedren in einen Tempel ein und raubt einen grünen Talisman, mit dessen Hilfe sich Erdbeben und Stürme heraufbeschwören lassen. Einzig Sonjas Schwester, eine Tempeldienerin, kann dem Massaker mit Hilfe eines Fremden namens Kalidor entkommen, stirbt kurz darauf jedoch an einem Giftpfeil. Sonja schwört Rache und macht sich auf den Weg in Gedrens Königreich, um den gefährlichen Kristall zu zerstören. Dreizehn Tage bleiben ihr, bevor der Talisman soviel Licht absorbiert hat, daß seine Macht die Welt vernichten wird; eine Prophezeiung, die Gedren noch bewußt forciert, in dem sie den Talisman in eine von zehntausend Kerzen beleuchteten Kammer stellt. Auf ihrem Weg stößt Sonja auf die Überreste eines von Gedren vernichteten Königreichs; die einzigen Überlebenden sind der junge Prinz Tarn und dessen Diener Falkon. Wenig später trifft sie auf den Zöllner Brytag, den sie im Duell besiegt, bevor sie ihrerseits von Kalidor vor Brytags Männern gerettet wird. Nachdem Sonja Tarn und Falkon aus der Gefangenschaft einiger Banditen befreit hat, erreicht man schließlich gemeinsam das Land der Dunkelheit. Gedren beschwört einen Sturm herauf und zwingt das Trio dadurch in eine finstere Höhle, wo bereits ein metallenes Krokodil ihrer lauert. Abermals wird Sonja von Kalidor gerettet, der sich hernach als »Großer Lord« zu erkennen gibt und einen freundschaftlichen Kampf mit der keuschen Sonja anzettelt, der schließlich in totaler Erschöpfung der Beteiligten unentschieden endet. Endlich ins Schloß gelangt, droht der Talisman bereits außer Kontrolle zu geraten. Sonja stellt Gedren zum Kampf, tötet sie und wirft anschließend den Talisman in einen Lavasee. Das Schloß explodiert, Tarn und Falkon machen sich an den Wiederaufbau ihres Reiches, Sonja schließt nach einigen Bedenken schließlich Kalidor in die Arme.

»Die aus *Conan the Destroyer* übernommene Form des Fantasy Road Picture lockert Fleischer in der humorvoll-satirischen Behandlung seines Materials auf, in der visuellen Gestaltung durch die Verwendung herbstlicher Schauplätze außerhalb Roms, extravaganter Kostüme und fast ausschließlich durch natürliches Licht beleuchteter Innenräume und in den Schwertkämpfen; es bleibt jedoch ein wenig bedauerlich und eine Folge von De Laurentiis' Geschäftssinn, daß die Monstrosität des Hyperboreanischen Zeitalters hier lediglich in Form von leblosen Steinfiguren/Skeletten, weder technisch noch dramaturgisch funktionierenden Special Effects-Attraktionen... und nur wenigen Statisten Eingang gefunden hat.«

(Peter Gaschler, *Das SF-Jahr 1987*)

10. Commando (Phantom-Kommando)

USA 1985

Regie Mark L. Lester *Produktion* 20th Century Fox. Eine Silver Pictures Produktion (Joel Silver) *Beteiligte Produzenten* Joseph Loeb III, Matthew Weisman, Robert Kosberg, Stephanie Brody *Produktionsbeteiligung* Elaine K. Thompson *Produktionskoordination* Richard Liebegott *Aufnahmeleitung* Larry Kostroff *Location Manager* Robert Decker, John Panzarella *Regieassistenz* Beau E.L.

Marks, K.C. Colwell, Brad Yacobian *Drehbuch* Steven E. de Souza *Story* Joseph Loeb III, Matthew Weisman, Steven E. de Souza *Kamera* Matthew F. Leonetti (DeLuxe) *Kameraführung* Michael St. Hilaire, Joe Valentine *Steadicam-Bedienung* Joe Valentine *Schnitt* Mark Goldblatt, John F. Link, Glenn Farr *Production Design* John Vallone *Set Design* Dan Maltese *Dekor* Robert Gould *Set Dressers* Craig Baron, Douglas Forsmith *Illustration* Nikita Knatz *Kostüme* Bob Harris *Garderobe* Enid Harris, Lou Infante, Kathie Gale *Make-Up* Joe McKinney, William Turner *Visuelle Effekte* The L.A. Effects Group *Opticals* Pacific Title *Spezialeffekte* Henry Millar, Doug Hubbard, Gary King, Jay King, Roger Lifsey, Bill Mattox, Mike Millar, John Peyser, Richard Thompson *Musik* James Horner *Orchestrierung* Greig McRitchie *Musikschnitt* Ken Runyon *Musikalische Beratung* Danny Goldberg *Song* »We'll Fight for Love« von Andy Taylor und Michael des Barres, gespielt von Power Station *Tonaufnahme* Don Johnson, Dan Wallin *ADR-Aufnahme* Vic Zaslav (Dolby Stereo) *Dolby-Beratung* Jim Fitzpatrick *Spezielle Toneffekte* Frederick J. Brown *Tonschnitt* William Hartman, Michael Corrigan, Richard Corwin, David Ice, Pieter Hubbard *ADR-Schnitt* Hank Salerno, Glad Pickering, Ron Sinclair *Tonüberspielung* Don Bassman, Richard Overton, Kevin F. Cleary, Tim Webb, Craig Heath *ADR-Überspielung* Kevin Carpenter *Stuntkoordination* Bennie E. Dobbins *Stunts* Michael Adams, Bruce Paul Barbour, Simone Boisseree, May R. Boss, Jophrey Brown, Tony Brubaker, Jerry Brutche, Richard E. Butler, Roger Callard, Carl Ciarfalio, Vincent Deadrick sr., Leon Delaney, Justin DeRosa, Nick Dimitri, Bennie E. Dobbins, Richard L. Duran, Stephanie Epper, Diamond Farnsworth, George Fisher, Buddy Gilyard, Sandra Gimpel, Bob Harris, John Hock, Larry Holt, Jeff Jensen, John M. Johnson, Harold Jones, Steve Kelso, Kimberly King, Joel Kramer, William T. Lane, Lane Leavitt, David LeBell, Gary McLarty, Tom Morga, Jeff O'Haco, Jeff Ramsey, Larry Randles, Spiro Razatos, Mario Roberts, Ronnie Rondell, Thomas Rosales jr., Rick Sawya, Ben Scott, John Sherrod, Tony Snegoff, Frank J. Sparks, Ceci Vendrell, Michael M. Vendrell, Greg Walker, Rock Walker, Richard Warlock, Jerry Wills, Braton W. Yerkes *Titeldesign* R/Greenberg Associates

Darsteller ARNOLD SCHWARZENEGGER (John Matrix), Rae Dawn Chong (Cindy), Dan Hedaya (General Arius), Vernon Wells (Bennett), James Olson (General Kirby), David Patrick Kelly

›Commando‹ - Mit Alyssa Milano.

(Sully), Alyssa Milano (Jenny), Bill Duke (Cooke), Drew Snyder (Lawson), Sharon Wyatt (Leslie), Michael deLano (Forrestal), Bob Minor (Jackson), Mike Adams (Harris), Carlos Cervantes (Diaz), Lenny Juliano (Soldat), Charles Meschack (Henriques), Chelsea Field/Julie Hayek (Stewardessen), Hank Calia (Latino), Walter Scott (Cates), Gregory W. Elam (Biggs), George Fisher (Wache),

Phil Adams (Offizier), Ava Cadell (Mädchen im Bett), Mikul Robins (Junge im Bett), Branscombe Richmond (Vega), Matt Landers (Fred), Peter DuPont (Daryl), Tom Simmonds (Kirbys Chauffeur), Bill Paxton/Richard Royce (Abfangoffiziere), John Reyes/Billy Cardenas/Edward Reyes (Schläger in Val Verde), Vivian Daily (Polizistin), Thomas Rosales jr. (junger Guerrilla), Ronald C. McCarty (Guerrilla), Jim Painter (Polizist)
Laufzeit 90 Minuten (OF/DF)
Deutsche Erstaufführung 23. Februar 1986
Verleih 20th Century Fox (Kino), CBS-Fox (Video)

Nach der Ermordung von drei ehemaligen Spezialagenten erhält der Veteran John Matrix, der mit seiner geliebten Tochter Jenny auf dem Land ein beschauliches Leben führt, Besuch von seinem ehemaligen Vorgesetzten. General Kirby warnt Matrix, daß er der nächste sein könne; tatsächlich kommt es kurz darauf zu einem Feuerüberfall. Die Angreifer entführen Jenny, Matrix nimmt die Verfolgung auf und kann den Kidnapper, einen verräterischen Vietnamkumpel namens Bennett, tatsächlich stellen, wird dann jedoch betäubt. Als Matrix in einem Lagerhaus wieder zu sich kommt, sieht er sich dem gestürzten südamerikanischen Militärdiktator Arius gegenüber. In dessen Auftrag soll er nach Val Verde fliegen und den demokratisch gewählten Präsidenten umbringen, der Preis ist Jennys Leben. Matrix hat keine andere Wahl und läßt sich in das Flugzeug nach Val Verde setzen. Als der Flieger bereits abhebt, tötet er seinen Bewacher und springt aus der startenden Maschine. Wieder am Flughafen, begegnet er dort der Pilotenanwärterin Cindy, mit deren unfreiwilliger Hilfe er einen zweiten Bewacher verfolgt und umbringt. Ein gefundener Schlüssel führt ihn zu einem Motel, eine Treibstoffquittung im Wagen des nächsten Kontaktmanns, Cooke, führt ihn zu einem Lagerhaus, wo er eine Karte mit den Koordinaten von Arius' Inselfestung entdeckt. Als sich Matrix mit einem Gabelstapler daranmacht, ein Waffenlager auszuplündern, wird er jedoch von der Polizei geschnappt. Cindy befreit ihn durch einen gezielten Schuß mit dem Raketenwerfer, gemeinsam stiehlt man ein Wasserflugzeug und macht sich auf den Weg zur Insel. Matrix bahnt sich einen Weg durch die Eliteeinheit von Arius, erschießt den Diktator und kann dank einiger Psychotricks auch Bennett mit einem Eisenrohr an die Wand eines Boilers nageln. Als der von Cindy alarmierte

General Kirby eintrifft und von Matrix wissen will, ob er etwas übriggelassen habe, meint dieser: »Ich glaube, nur Leichen.«
»*Phantom-Kommando* funktioniert nicht einmal unbedingt über szenische Aktion: Der Schnitt ist auf Schnelligkeit getrimmt, ohne Rücksicht auf Rhythmus, der Ton ist so ungleichmäßig ausgesteuert, daß Gegenstände wie Papier lauter sind als gesprochene Worte, und die heftig pulsierende Musik (James Horner) ist ein lärmiger und überdrehter Brei. Die Zuschauer sind als Geiseln genommen, Augen und Ohren betäubt.«
(Milan Pavlovic, *Kölner Stadt-Anzeiger*)

»*Phantom-Kommando* ernst zu nehmen, wäre die reine Überinterpretation. Wie dieser Film gemeint ist, plaudert er selber aus. Schwarzenegger hat sich noch nicht mal richtig warm gelaufen, geschweige zur Hochform gesteigert, da stöhnt das Mädchen, das ihn dann auf seiner Force-de-frappe-Tour begleiten wird, bereits entnervt auf: ›Mein Gott, schon wieder dieser Macho-Scheiß.‹ Genau das is' es, Baby.«
(Peter Buchka, *Süddeutsche Zeitung*)

11. Raw Deal (Der City-Hai)
USA 1986
Regie John Irvin *Produktion* De Laurentiis Entertainment Group. Eine International Film Corporation Produktion (Martha Schumacher) *Produktionsausführung* Lucio Trentini *Produktionskoordination* Angela Heald *Aufnahmeleitung* Fred Caruso *Unit Manager* Laura Fattori *Location Manager* John Griffin, Mike Kowalski *Second Unit* (Regie) Glenn Randall, (Kamera) Daniele Nannuzzi *Regieassistenz* Henry Bronchtrin, Bruce Moriarty *Drehbuch* Gary M. DeVore, Norman Wexler *Story* Luciano Vincenzoni, Sergio Donati *Kamera* Alex Thomson (Technicolor), *Kameraführung* Colin Corby *Steadicam-Bedienung* Gregory Lunsgaard, Dan Kneece *Schnitt* Anne V. Coates *Production Design* Giorgio Postiglione *Visuelle Beratung* Tom Cranham *Art Direction* Maher Ahmad *Dekor* Hilton Rosemarin *Kostüme* Clifford Capone *Garderobe* Jayme Bednarczyk *Make-Up* Barbara Page, Jamie Sue Weiss *Spezielle Make-Up Effekte* Dean Gates *Spezielle Opticals* Van der Veer Photo Effects *Spezialeffekte* Joe Lombardi, Casey Cavanaugh, Joe Mercurio, Tony Borella, Steve Lombardi, Larry Reid,

Joe DiGaetano, David Wood *Technische Beratung* Don Herion
Musik Tom Bahler, Albhy Galuten, Chris Boardman *Zusätzliche*
Musik Jerry Hey, Randy Kerber, Steve Lukather, Joel Rosenbaum
Musikkoordination Herman Edel *Musikschnitt* Tom Villano *Songs*
»One Way Rider« von Rodney Crowell, gespielt von Ricky Skaggs;
»If Looks Could Kill« von Jack Conrad und Bob Garrett, gespielt
von Pamala Stanley; »Immigrant in Love« von Vito DeStefano;
»O Marie«, arrangiert von Tom Bahler; »Trapped« von Colonel
Abrams und Marston Freeman, gespielt von Colonel Abrams;
»I've Seen That Face Before (Libertango)« von Astor Piazzolla,
Natalie Delon, Barry Reynolds und Dennis Wilkey, gespielt von
Grace Jones; »Stand Alone« von Reed Neilsen, gespielt von Stone
Fury; »Kaminski Stomps« von Claude Gaudette; »Patrovita's
Theme« von Chris Boardman *Tonaufnahme* David Hildyard,
Allen Sides (Dolby Stereo) *Toneffekte* Doug Hemphill *Tonschnitt*
Jerry Ross, Tom Bellfort, John Benson, Martin Maryska *ADR-*
Schnitt Cari Lewis *Tonüberspielung* Chris Jenkins, Gary Alexander,
Dale Strumpell *Stuntkoordination* Glenn Randall *Stunts* Vince
Deadrick sr., Ralph Garrett, Richard Wilkie, Loren Janes, Peter
Kent, Phil Nielson, Peter Stader, Randy Popplewell, Jerry Wills,
Eddie Fernandez, Rick LeFevour, James Ferrero, Nick Dimitri,
David Perna, George Fisher, Bill Hart, Gene Hartline, Mike
Johnson, Steve Lambert, Stacy Logan, Neil Summers, Webster
Whinery, Robin Grathwol, Sven-Ole Thorsen
Darsteller ARNOLD SCHWARZENEGGER (Mark Kaminski), Kathryn
Harold (Monique), Sam Wanamaker (Luigi Patrovita), Paul She-
nar (Rocca), Robert Davi (Max Keller), Ed Lauter (Baker), Darren
McGavin (Harry Shannon), Joe Regalbuto (Daniel Baxter), Mor-
decai Lawner (Marcellino), Steven Hill (Lamanski), Blanche Baker
(Amy Kaminski), Robey (Lamanskis Mädchen), Victor Argo
(gefährlicher Mann), George Wilbur/Denver Mattson (Killer),
John Malloy (Trager), Lorenzo Clemons (Sergeant), Dick Durock
(Dingo), Frank Ferrara (Spike), Thomas Rosales (Jesus), Jack
Hallett (Carson), Leon Rippy (Mann im Smoking), Jay Butler
(Rice), Norman Maxwell (falscher State Trooper), Tony DiBene-
detto (Rudy), Tom Hull (Metzger), Mary Canon (Verkäuferin),
Gary Houston/Gregory Noonan (Patrovitas Schläger), Steve Holt
(Blair), Cedric Guthrie (Agent mit Shannon), Gary Olsen (La-
manskis Chauffeur), Brooks Gardner (Liftboy), Pat Miller (Kas-
senwart), Jery Hewitt (Stickman), James Eric (Byron), Ralph

›Raw Deal‹

Foody (Captain), Howard Elfman (Bomb Squad), Jeff Ramsay/
Bill McIntosh/Ted Grossman (Leibwächter), Kent Hays (Betrun-
kener), Cliff Happy (Tonys Leibwächter), Mike Adams (Patrovitas
Leibwächter), Dean Smith (Patrovitas Double), Alex Ross (Fahrer
des Kombis), Socorro Santiago (Krankenschwester), Richard
McGough (Bakers Partner), Sharon Rice (Jogger), R. Pickett Bugg
(Gangster), John Clark (Nachrichtensprecher), Scott Blount (Dar-
steller), Phil Adams/Chuck Hart/Larry Holt/Ken Sprunt (FBI-
Agenten)
Laufzeit 105 Minuten (OF/DF)
Deutsche Erstaufführung 21. August 1986
Verleih CineVox (Kino), VCL (Video)

Als sein Sohn bei der Hinrichtung eines Belastungszeugen durch
eine Truppe des Chicagoer Paten Luigi Patrovita ums Leben
kommt, wendet sich der FBI-Agent Harry Shannon an den Sheriff
Mark Kaminski. Jener war früher selbst FBI-Agent, mußte auf
Betreiben seines Kollegen Baxter jedoch vorzeitig aus dem Dienst
ausscheiden. Shannon überredet Kaminski, Patrovitas Organisa-
tion von innen heraus aufzurollen; da es einen Maulwurf gebe, sei

er dabei jedoch völlig auf sich selbst gestellt. Kaminski akzeptiert, inszeniert seinen eigenen Tod in einer Fabrikexplosion und zertrümmert anschließend das illegale Casino von Patrovitas ärgstem Konkurrenten Lamanski. Unter dem neuen Namen Joe Brenner nimmt er Kontakt mit Patrovitas rechter Hand Rocco auf; des weiteren freundet er sich mit der hübschen Monique an, die ihn im Auftrag von Roccos bisherigem Schläger Max Keller zunächst lediglich observieren soll, in der Folge aber rasch die Seiten wechselt. Ein erster Einsatz Kaminskis in einem Nachtclub verläuft erfolgreich. Lamanski schlägt zurück und hetzt einen Schlägertrupp auf Monique und Kaminski, den dieser in einer Modegalerie ohne Mühe ausschalten kann. Durch einen raffinierten Plan gewinnt Kaminski schließlich auch das Vertrauen Patrovitas: Mit Hilfe einer fingierten Bombendrohung sollen dessen Leute ungehindert in das Polizeirevier eindringen, wo die vor kurzem bei einer Razzia beschlagnahmte Millionenladung Heroin gelagert ist. Parallel dazu sollen Keller und Kaminski Lamanski ein für allemal ausschalten. Der Doppelplan gelingt, doch kurz darauf kann Keller die wahre Identität »Joe Brenners« aufdecken und Patrovita überreden, den Cop auf den inzwischen lästig gewordenen Harry Shannon anzusetzen. Kaminski merkt zu spät, was gespielt wird; auf einem Friedhof kommt es zu einem Feuergefecht. Keller stirbt im Kugelhagel, Shannon wird zum Krüppel geschossen. Ein wütender Kaminski packt seine Waffen aus, macht sich auf den Weg zu Patrovitas Hauptlager, einer Müllhalde, und rottet im Alleingang die Wachmannschaft aus, bevor er in Patrovitas Club eindringt, den Bandenchef erschießt und sogar den Maulwurf identifizieren kann: Baxter. Anschließend ermöglicht Kaminski Monique die Flucht im Flugzeug, kehrt zu seiner Frau zurück und widmet sich fortan der Rekonvaleszenz von Harry Shannon.

»Der Ex-Terminator, der alte Conan-Barbar, stolziert auch in seiner jüngsten Leinwand-Ballade wie ein ausgestopfter Grizzly durchs Revier, steifschultrig, mit schwerem, profilbelastendem Kinnladen und einem Gesicht, auf dem Smartness und Brutalität immer wieder vergebens nach triftigem Ausdruck suchen (...) Der Dialog, das ist denn auch das zweite Dilemma des von keinem psychologischem Feinschliff bedrohten Schwarzenegger-Heldenepos. Denn der *City-Hai* will nicht nur ein knallhartes, sondern obendrein auch noch ein witziger Action-Film sein. Aber für die parodistische Kontrapunktierung einer solch kaltschnäuzi-

gen und oft sogar ausgesprochen degoutanten Brutalität, wie sie
das Drehbuch vorschreibt, bedarf es denn doch eines nachdenkli-
cheren, empfindsameren Regisseurs, als es der Brite John Irvin
ist.«
(Kläre Warnecke, *Die Welt*)

12. Predator (Predator)
USA 1987
Regie John McTiernan *Produktion* 20th Century-Fox. In Zusam-
menarbeit mit Amercent Films und American Entertainment
Partners L.P. (Lawrence Gordon, Joel Silver, John Davis) *Ausfüh-
rende Produzenten* Laurence P. Pereira, Jim Thomas *Beteiligte
Produzenten* Beau E.L. Marks, John Vallone *Produktionsbeteiligung*
Elaine K. Thompson *Produktionskoordination* (USA) Dana Tay-
lor, Patti Calhoun, (Mexiko) Emily Gamboa *Aufnahmeleitung* Art
Seidel, Beau E.L. Marks *Regieassistenz* Beau E.L. Marks, J. Tom
Archuleta, K.C. Colwell, (Mexiko) José Luis Ortega *Second Unit*
(Regie) Craig R. Baxley, (Kamera) Frank E. Johnson *Drehbuch* Jim
Thomas, John Thomas *Kamera* Donald McAlpine, (Mexiko)
Leon Sanchez (Panavision, DeLuxe) *Animationskamera* Bruce
Mrozowski *Infrarotkamera* David Eggby, (Kam.Fü.) Pete Sekelick,
Frank Bryson *Kameraassistenz* Rob Agganis, Mark Sarfaty, Pedro
Vazquez, Guillermo Rosas *Steadicam-Bedienung* Rob Agganis
Schnitt John F. Link, Mark Helfrich, (Ass.) Julie Feiner, Kim
Bennett, Rudy Freeman, Billy Meshover, Bryan Carroll, Mark
Elson, Carol Fitzgerald, Willie Navarro, John Henzel *Production
Design* John Vallone *Art Direction* Frank Richwood, Jorge Saenz,
(Mexiko) John K. Reinhart jr., (Ass.) Theresa Wachter, Carlos
Echeverria *Dekor* Enrique Estevez *Set Dresser* Macedonio Ramos
Illustration Nikita Knatz, Paul Powers *Design der Messer* Jack W.
Crain *Design des Predators* Stan Winston, (Anzug) Diligent
Dwarves Effects Lab *Kostüme* Marilyn Vance-Straker *Garderobe*
James Tyson, Bob Harris, Enrique Villavicencio, Gary Sampson,
(Ass.) Maria Antonieta Esquivel, Jaime Ortiz, Ismael Jardon
Make-Up Scott Eddo (Des.), John Rizzo, James R. Scribner, Elvira
Oropeza, (Schlamm) Jefferson Dawn *Visuelle Effekte* Michael
Bigelow, (Schn.) J.W. Kompare, (Zus.) Dream Quest Images,
Howard A. Anderson Co. *Visuelle Spezialeffekte* R/Greenberg,
(Überw.) Joel Hynek, (Prod.) Robert M. Greenberg, (Vis.Ber.)

Richard Greenberg, (Thermal Vis.Eff.) Stuart Robertson, (Tarnung) Eugene Mamut *Motion Control* B. David Green, (Loc.) Dave Satin *Zusätzliche Opticals* Pacific Title *Line-up* Laurel Klick, Jim Mini, Ken Price *Bedienung des Printers* Richard Lorenzo, Parick McDonough, Richard Champa, Scott Nicholas *Matte-Künstler* Robert Scifo *Spezialeffekte* Al di Sarro, Laurencio »Choby« Cordero (Überw.), James Camomile, Bruno Vanzeebroeck, Paul Stewart, Jesus Duran, Fermin Duran, Adrian Duran, Alejandro Duran, Daniel Cordero, Manuel Cordero, Margarito Lopez, Pedro Gonzalez, Javier Moreno, Magdaleno Rodriguez *Animation* (Überw.) Robert Mrozowski, (Eff.Anim.) Howard A. Anderson Co. *Rotoscope* Donald Poynter, Harry Venezia, Paul Johnson *Computergraphik* Video Image *Creature-Effekte* (Konzept) Steve Wang, Mitch Suskin, (Art Dir.) Steve Wang, Matt Rose, (Mech.) Richard Landon, Brent Scrivner, David Kindlon, Wayne Sturm, (Eff.) Shane Mahan, John Rosengrant, Brian Simpson, Grant Arndt, Jackie Tischner, Michiko Tagawa, Emilio E. Gonzalez, Eddie Yang, Jacki Lancette, Leslie Neumann, Screaming Mad George, Howard Berger, Robert Kurtzman, Steve Patino *Designberatung* Terry Moews, Jeff Burks *Infrarotberatung* Dr. Robert Madding *Technische Beratung* Gary Goldman *Tierdressur* Miguel Gurza, Hector Zurita, Eduardo Apellaniz, Carlos Renero *Musik* Alan Silvestri *Musikschnitt* Michael Tronick *Orchestrierung* James Campbell *Song* »Long Tall Sally« von R. Penniman, E. Johnson und R. Blackwell, dargeboten von Little Richard *Tonaufnahme/ Tonschnitt* Manuel Topete. Dolby Stereo *Dolby-Beratung* David Gray *Dialogschnitt* George H. Anderson, Cindy Marty *Spezielle Toneffekte* John P. *Toneffektschnitt* (Überw.) Richard L. Anderson, David Stone (Überw.), Gary Wright, Richard Shorr, Catherine Shorr, Gene Corso, (Ass.) Mark Pappas, Jo von Metoyer *Tonüberspielung* Don Bassman, Kevin F. Cleary. Robert Renga, Craig Heath *Vokaleffekte* Norman B. Schwartz, (Schn.) Michael Bateman, (Stimmen) Peter Cullen *Stuntkoordination* Craig R. Baxley *Stunts* Gregory Barnett, Bobby Bass, Gary Baxley, Steve Boyum, Jophery Brown, Tony Brubaker, Bill Burton, Steven Chambers, Doug Coleman, Leon Delaney, David Drazes, Dave Effron, Richard Humphreys, Norman Howell, Peter Kent, Henry Kingi, Joel Kramer, Jack Verbois, Manuel Benitez, Alejandro de la Pena, Angel de la Pena, Mauricio Martinez, Raul Martinez, Gabriela Moreno, Gerardo Moreno, Noe Rolando Smith, Eric Valdez

›Predator‹ – *Kevin Peter Hall.*

Piloten Peter J. McKernan jr., Charles A. Tamburro, Michael E. Tamburro, Alejandro Madrid Bonilla, Guillermo Saavedra *Titeldesign* R/Greenberg Associates
Darsteller ARNOLD SCHWARZENEGGER (Dutch), Carl Weathers (Dillon), Elpidia Carrillo (Anna), Bill Duke (Mac), Jesse Ventura

(Blain), Sonny Landham (Billy), Richard Chaves (Poncho), R.G. Armstrong (General Phillips), Shane Black (Hawkins), Kevin Peter Hall (der Predator)
Laufzeit 107 Minuten (OF/DF)
Deutsche Erstaufführung 27. August 1987
Verleih 20th Century-Fox (Kino), CBS-Fox (Video)

Um drei Mitglieder einer befreundeten Regierung aus den Händen der Guerillas zu befreien, sendet der amerikanische Generalstab den Vietnam-Veteranen Dutch Schaefer und seine Elitetruppe in den Dschungel von Mittelamerika. Auf dem Weg zum gegnerischen Lager stoßen Dutch und seine Leute auf die blutigen Überreste ihrer Vorgänger: Jemand oder irgend etwas hat deren Helikopter abstürzen lassen, die Männer bei lebendigem Leib gehäutet und ihnen die Köpfe abgeschlagen; überdies scheint sie jemand zu beobachten. Schließlich erreicht man das Zielgebiet und erobert das Lager der Guerillas im Sturm. Doch die Geiseln, in Wirklichkeit amerikanische Militärberater, sind längst tot; alles war nur ein abgekartetes Spiel, um eine geplante Invasion zu verhindern. Zusammen mit einer Gefangenen, Anna, macht man sich auf den Rückzug zum vereinbarten Treffpunkt mit dem Helikopter. Plötzlich taucht ein seltsames Wesen aus dem Nichts auf und ermordet zwei von Dutchs Leuten. Wie sich herausstellt, verfügt der Gegner über gelbes Blut, einen Laserstrahler und einen hochwirksamen Tarnanzug. Alle Verteidigungsversuche scheitern, nach und nach ermordet das Wesen alle Mitglieder der Elitetruppe. Beim letzten Angriff zieht Dutch die Aufmerksamkeit des Außerirdischen auf sich und ermöglicht Anna so die Flucht zum Helikopter. Als er dabei in einen reißenden Fluß stürzt, springt ihm der Predator nach. Durch Zufall entdeckt Dutch kurz darauf, daß ihn der Schlamm des Flußbettes vor den Sensoren des Außerirdischen verbirgt. In der Folge setzt er seinem Gegner schwer zu und lockt ihn schließlich in eine Falle. Tödlich verwundet, aktiviert der Predator einen Selbstzerstörungsmechanismus. In letzter Sekunde gelingt Dutch die Flucht zum rettenden Helikopter; hinter ihm verglüht der Dschungel in der Explosion einer Mini-Atombombe.

»Kameramann Donald McAlpine hat die merkwürdige Geschichte in stellenweise fast trügerisch schöne, souverän mit Licht und Schatten spielende Bilder umgesetzt. Wie er leisten auch die

Tricktechniker, die das Raubtier aus dem All durch den Dschungel schicken, ganze Arbeit. Kurzum, dieser *Predator* hätte durchaus das Zeug zum originellen, groß angelegten Grusel-Abenteuer, würde im steten Nebeneinander der Gattungen nicht ständig kernige Landser-Mentalität über subtilen Schrecken siegen.«
(Otto Heuer, *Rheinische Post*)

»Die künstlichen mythologischen Synthesen von *Predator* entschlüpfen der Ideologiekritik; und so einfach wie bei Siegfried und dem Drachen liegen die Dinge auch nicht mehr. In der universellen Metapher des Krieges verschmilzt der Film ganz heterogenes Material: historisch-politische Traumata, Sexualängste, regressive Sehnsüchte und Katastrophenprojektionen. Nicht umsonst endet er in einer Art atomaren Explosion. All seine Schrecken, seine ganze filmische Primitivität und Gewaltsamkeit bietet er auf, um ein heroisches Bild des schieren Überlebens zu gewinnen. Eine trostlose Aussicht.«
(Karsten Visarius, *FAZ*)

13. The Running Man (Running Man)
USA 1987
Regie Paul Michael Glaser *Produktion* Taft Entertainment/Keith Barish Productions (Tim Zinnemann, George Linder) *Ausführende Produzenten* Keith Barish, Rob Cohen *Produktionsbeteiligung* Mary Clare Thomas *Produktionskoordination* Merle Jackson, (Beleuchtung) Adrian Selby *Aufnahmeleitung* Gary D. Daigler *Location Manager* Gregory M. Lazzaro, Ken H. Rosen *Second Unit* (Regie) Bennie Dobbins *Regieassistenz* Richard Peter Schroer, Barry Thomas *Drehbuch* Steven E. de Souza. Nach dem gleichnamigen Roman von Richard Bachman (= Stephen King) *Kamera* Thomas del Ruth, (Zus.) Reynaldo Villalobos (Farbe) *Matte-Kamera* Syd Dutton, Bill Taylor, Illusion Arts *Kameraführung* Kenneth Zunder, Jamie Anderson *Video* Robert H. Grasmere jr. (Ltg.), Timothy Bowen, Remi Aubuchon, (Graph. Displ.) Rhonda C. Gunner, Richard E. Hollander, Gregory L. McMurry, John C. Wash, (Crew) Monte Swann, Pete Martinez, John Desjardin *Schnitt* Mary Roy Warner, Edward A. Warschilka, John Wright *Production Design* Jack T. Collis *Set Design* Nancy Patton, Nick Navarro, Richard G. Berger *Dekor* Jim Duffy *Illustration* Thomas

Cranham, Petko D. Kadiev *Kostüme* Robert Blackman, (Ltg.) Francine Jamison-Tanchuck, (Dynamos Kost.) Henry Baghdassarian/Propmasters *Garderobe* (Männer) Michael L. Long, Dan Bronson, Frank Rose, Buck Skelton, (Frauen) Betty Jean Slater *Make-Up:* Jefferson Dawn, Jim McCoy, Steve LaPorte, Richard Snell *Spezielle Make-Up Effekte* The Burman Studio *Visuelle Spezialeffekte* Gary Gutierrez (Ltg.), USFX/Colossal Pictures, (Kam. Rick Fichter, (Prod.Überw.) Christine Whitney, (Prod. Koord.) Dana Miller Schornstein, (Aufn. Ltg.) Whitney Green, (Mod.) Scott Marshall, (Mod.Herst.) Louis Eaquinta, Mark Rappaport, Mitchell Romanauski, Steve Sanders, (Ingenieur) Michael Steffe, (Pyrotechn.) Peter Stoltz, (Takler) John McLeod, Charles H. Ray, (Koord.) Charleigh Swanson, (Storyboards) Harrison Fong *Spezialeffekte* Larry Cavanaugh (Koord.), Bruce Steinheimer (Ltg.), Michael Arbogast, Kenneth C. Clark, Manuel Irvine *Animationseffekte* Chris Casady *Kontrollpanel* Fairlight Digital Video Effects *Raketen* (Analyse) Charles E. Rogers, (Antrieb) Tom Johnson *Musik* Harold Faltermeyer *Musikschnitt* Bob Badami *Songs* »Running Away with You« von Harold Faltermeyer und John Parr, gespielt von John Parr; »The Death March« und »Paula's Theme« von Jackie Jackson und Glen Barbee; »Theme from Gilligan's Island« von Sherwood Schwartz und George Wyle *Choreographie* Paula Abdul *Tonaufnahme* Richard Bryce Goodman, James J. Cavarretta, Jack Keller, (Mus.) Brian Reeves. Dolby Stereo *Tonschnitt* Richard C. Franklin jr., Paul Timothy Carden (Ltg.), Paul Bruce Richardson, David J. Kern, Larry Carow, Chuck Neely, Louis L. Edeman, Mike Dobie *Tonüberspielung* Donald O. Mitchell, Rick Kline, Kevin O'Connell *Tonverarbeitung* Alan Howarth, Mel Neiman *Stuntkoordination* Bennie Dobbins *Stunts* Joel Kramer, Mel Scott Thomas, Jeff Jensen, Anthony Brubaker, Shawn Patrick Lane, Karen Price, Al Cleland, Eric Cord *Titeldesign* (Haupttitel) Rhonda C. Gunner, Richard E. Hollander, Gregory L. McMurry, John C. Wash, (Endtitel) Pacific Title
Darsteller ARNOLD SCHWARZENEGGER (Ben Richards), Richard Dawson (Damon Killian), Maria Conchita Alonso (Amber Mendez), Yaphet Kotto (Laughlin), Jim Brown (Fireball), Jesse Ventura (Captain Freedom), Erland van Lidth (Dynamo), Marvin J. McIntyre (Weiss), Gus Rethwisch (Buzzsaw), Professor Toru Tanaka (Professor Subzero), Mick Fleetwood (Mick), Dweezil Zappa (Stevie), Karen Leigh Hopkins (Brenda), Sven Thorsen

(Sven), Eddie Bunker (Lenny), Bryan Kestner (medizinischer Techniker), Anthony Penya (Valdez), Kurt Fuller (Tony), Kenneth Lerner (Agent), Dey Young (Amy), Roger Bumpass (Don Pardo), Dona Hardy (Mrs. McArdle), Lynne Stewart (Edith Wiggins), Bill Margolin (Leon), Joe Leahy (Sprecher), Anthony Brubaker/Joel Kramer/Billy Lucas (Soldaten), George P. Wilbur (Lt. Saunders), Tom Rosales jr. (Chico), Sandra Holt (Suzie Checkpoint), Daniel Celario/ Mario Celario (Vormänner in den Barrios), Sidney Chankin (Wächter), Kim Pawlik (Nachrichtensprecher), Roger Kern (Wache am Flughafen), Barbara Lux (ältere Frau), Franco Columbu/Wayne Grace (Sicherheitsbeamte im 911), Lin Shaye (Propaganda-Offizier), Boyd P. Kestner (Yuppie-Brüller), Charlie Phillips (Punk-Teenager), Greg Lewis (Manager), John William James (Buchmacher in den Barrios), Jon Cutler (Untergrund-Techniker), Kerry Brennan/Paula Brown/Megan Gallivan/ Suzie Hardy/Debby Harris/Melissa Hurley/Marlene Lange/Morgan Lawley/Cindy Millican/Andrea Moen/Mary Ann Oedy/Karen Owens/Sharon Owens/ Pamela Rossi/Mia Togo (Tänzer)
Laufzeit 101 Minuten (OF/DF)
Deutsche Erstaufführung 30. Juni 1988
Verleih Neue Constantin (Kino), Taurus (Video)

Los Angeles im Jahre 2017. Nach seiner Weigerung, auf unschuldige Demonstranten zu schießen, wird der Polizist Ben Richards verhaftet und in die Gefängniszone gesteckt. Dort trifft er auf zwei Mitglieder des Untergrunds, Laughlin und Weiss. Achtzehn Monate später gelingt dem Trio die Flucht zum Versteck der Rebellen. Jene haben vor, den Code für den Satelliten-Uplink zu knacken und mit einem eigenen Programm die Macht des weltumspannenden Fernsehsenders ICS zu brechen. Richards will sich jedoch nicht für politische Ziele einspannen lassen und flüchtet alleine weiter. In der Wohnung seines Bruders trifft er schließlich auf die Fernsehangestellte Amber Mendez und versucht mit ihr als Geisel das Land zu verlassen. Doch der Fluchtversuch mißlingt: Richards wird gefangengenommen und auf Betreiben des Quizmasters Damon Killian zusammen mit den inzwischen erneut verhafteten Laughlin und Weiss zur Teilnahme an Killians Sendung, einer Art Millionenspiel namens *The Running Man*, gezwungen. Auf einem Raketenschlitten in die Spielzone gefeuert, gelingt es dem Trio dort, ihren ersten Gegner, Professor Subzero, in einem tödlichen

Eishockeyspiel auszuschalten. Unterdessen weckt ein offensichtlich gefälschter Bericht über die Ereignisse am Flughafen das Mißtrauen Ambers. Als sie in das Archiv des Senders eindringt und die Wahrheit über Richards' angebliche Verbrechen erfährt, wird sie von den Sicherheitskräften verhaftet und ebenfalls in die Spielzone geschossen. Dort kämpfen Richards und seine Freunde gerade mit zwei neuen Gegnern. Beim Kampf gegen den kettensägenbewehrten Buzzsaw kommt Laughlin ums Leben; kurz nachdem Weiss durch Zufall ein Uplink-Terminal entdeckt und Amber den Code mitgeteilt hat, stirbt er an einem Stromschlag seines Kontrahenten Dynamo. Inzwischen schwenkt die öffentliche Meinung langsam um, immer mehr Zuschauer setzen auf Richards. Als Killian ihm daraufhin einen Posten als Jäger anbietet, lehnt der Ex-Polizist wütend ab. Im dritten Spielbezirk stoßen die beiden Überlebenden dann auf die Leichen der bisherigen *Running Man* -Gewinner: Killians Show ist ein einziger Betrug. Bei einem Kampf in der Kanalisation kann Richards seinen letzten Gegner – den mit Flammenwerfern ausgestatteten Fireball – ausschalten, wenig später nimmt der Untergrund Verbindung mit ihm auf. Während Killian den Zuschauern mit Hilfe einer Computeranimation den Tod Richards' vortäuscht, machen sich die Rebellen zum Sturm auf den Fernsehsender bereit. Tatsächlich gelingt es ihnen mit Ambers Hilfe, in den Satelliten-Uplink einzubrechen und die Wahrheit auszustrahlen. In der Kulisse von *The Running Man* kommt es schließlich zum Showdown. Von allen Mitarbeitern verlassen, greift Killian zum letzten Strohhalm und versucht ein weiteres Mal, Richards auf seine Seite zu ziehen. Dieser lehnt kalt lächelnd ab und jagt den Showmaster auf einem Raketenschlitten in die Spielzone, wo das Gefährt gegen eine Plakatwand prallt und detoniert.

»Als gewalttätiger Actionfilm funktioniert *The Running Man* durchaus, wenngleich er nicht gerade einen übermäßig originellen Nachtrag zum Genre der apokalpytischen Großstadtfilme darstellt. In der Reise, die den Großteil der Geschichte ausfüllt, klingen deutliche Echos an *Escape from New York* und *The Warriors*; ein früher Blick auf das futuristische Los Angeles wirkt wie eine Hommage an *Metropolis*, Schwarzeneggers enorme Präsenz erinnert an *The Terminator* (der im übrigen nur ein Viertel des 27-Millionen-Budgets von *Running Man* verschlang), die Satire auf das Fernsehen gemahnt an *Robo-Cop*, und das ganze Grundkon-

›The Running Man‹ – Mit Yaphet Kotto.

zept weist außergewöhnliche Parallelen zu Yves Boissets *Le prix du danger* auf.«
(Julian Petley, *Monthly Film Bulletin*)

»Der Inhalt ist geblieben, die Personen haben sich geändert. Es ist ein Film, der Härte mit Brutalität verwechselt, der des Effektes wegen auf gelegentliche zynische Ausbrüche setzt. Doch er will mehr sein. Zynisch verhöhnt er die Allmacht der Medien. In rasanten Bildern führt er die Mißstände vor, zeigt, wie Medien die Wahrheit mit Füßen treten, wie kritiklos die Betrachter sind, die die Lügen als Wahrheit konsumieren. Hier hat er seine starken Seiten, zeigt drastisch, wie falsch die Botschaften sein können, die über den Bildschirm flimmern.«
(Joe Hill, *film-dienst*)

14. Red Heat (Red Heat)
USA 1988
Regie Walter Hill *Produktion* Carolco/Lone Wolf/Oak (Walter Hill, Gordon Carroll) *Ausführende Produzenten* Mario Kassar, Andrew

Vajna *Beteiligter Produzent* Mae Woods *Produktionskoordination* Jill Vandermeer *Aufnahmeleitung* Dirk Petersmann *Location Manager* Robert Lemer *Post Production* Michael R. Sloan *Second Unit* (Regie) Bennie Dobbins *Regieassistenz* James R. Dyer, Barry Thomas, Lorraine Raglin, Gabor Varadi *Drehbuch* Harry Kleiner, Walter Hill, Troy Kennedy Martin *Story* Walter Hill *Kamera* Matthew F. Leonetti (Technicolor) *Kameraführung* Mike St. Hilaire, John Leonetti *Schnitt* Freeman Davies, Carmel Davies, Donn Aron *Production Design* John Vallone *Art Direction* Michael Corenblith *Set Design* Nick Navarro *Dekor* Ernie Bishop *Kostüme* Dan Moore *Garderobe* Brian Callahan, Phyllis Corcoran-Woods *Make-Up* Michael Germain, Jeff Dawn *Opticals* Howard Anderson Company *Background Composites* Hansard *Spezialeffekte* Larry Cavanaugh, Bruce Steinheimer *Musik* James Horner *Musikschnitt* Nancy Fogarty *Songs* »Stranger on the Shore« von Acker Bilk und Robert Mellin; »Jackin' National Anthem« von Mickey Oliver und Cheese Mixin' Music *Choreographie* Ginger Farley, Mark Gomez *Tonaufnahme* Richard Bryce Goodman, James Cavaretta, John T. Keller, Shawn Murphy (Dolby Stereo) *Dolby-Beratung* Douglas Greenfield *Tonschnitt* Frederick J. Brown, Michele Sharp, Rodger Pardee, Victoria Rose Sampson, Elliott L. Koretz *ADR-Schnitt* Lauren Palmer *Tonüberspielung* Donald O. Mitchell, Elliot Tyson, Rick Kline *Stuntkoordination* Bennie Dobbins *Stunts* Joel Kramer, Allan Graf, Mike Adams, Tony Brubaker, John Sherrod, Kay Whipple, Rick LeFevour, Stacy Logan *Titeldesign* Wayne Fitzgerald

Darsteller ARNOLD SCHWARZENEGGER (Captain Ivan Danko), James Belushi (Detective Sgt. Art Ridzik), Peter Boyle (Lou Donnelly), Ed O'Ross (Viktor Rosta), Larry Fishburne (Lt. Stobbs), Gina Gershon (Catherine Manzetti), Richard Bright (Sgt. Gallagher), J.W. Smith (Salim), Brent Jennings (Abdul Elijah), Gretchen Palmer (Nutte), Pruitt Taylor Vince (Nachtangestellter), Michael Hagerty (Pat Nunn), Brion James (Streak), Gloria Delaney (Internist), Peter Jason (Fernsehsprecher), Oleg Vidov (Yuri Ogarkov), Savely Kramarov (Gregor Moussorsky), Gene Scherer (Konsul Stepanovich), Tengiz Borisoff (Josip Baroda), Roger Callard (Pytor Tatomovich), Gábor Koncz (Vagran Rostavili), Géza Balkay (Colonel Kulikov), Zsolt Körtvélyessy (Lt. Redetsky), János Bán (Offizier), Masanori Toguchi (mongolischer Hippie), Sven-Ole Thorsen (Nikolai), Norbert Növényi (Sacha), Istvan

Etlenyi (Yegor), George Gati (Klavierspieler), Peter Marikovsky (Kellner), Gábor Nemeth/Istvan Vajas/Peter Kis/Atila Fási (Gangster), Eric Mansker (Ali), Lew Hopson (Jamal), Jason Ronard (Nelligan), Gigi Vorgan (Audrey). Allan Graf (Wache im Gefängnis), Kurt Fuller/Bruno Acalinas (Detectives), Christopher Mankiewicz (Cop im Krankenhaus), Bob O'Donnell (Newsie), Marjorie Bransfield (Kellnerin), Luis Contreras (Lupo), Christopher Anthony Young (Hooligan), William McConnell/Ed Defusco (Polizeiphotographen), Joey D. Vieira (Mann in der Telefonzelle), Mike Adams (Ingenieur)
Laufzeit 104 Minuten (OF), 103 Minuten (DF)
Deutsche Erstaufführung 6. Oktober 1988
Verleih Senator (Kino), Starlight (Video)

Moskau. Nach einem wilden Feuergefecht in einem Café kann sich der georgische Drogendealer Viktor Rosta nach Chicago absetzen, wo er Kontakt mit schwarzen Radikalen, den sogenannten Cleanheads, aufnimmt. Bevor der Deal jedoch unter Dach und Fach ist, geht der harte Kern der Cleanheads bei einer Hausdurchsuchung einem Polizeitrupp unter Leitung des Chicagoer Cops Art Ritzik ins Netz. Rosta selbst wird kurz darauf wegen eines

›Red Heat‹ – Mit Regisseur Walter Hill.

geringfügigen Verkehrsvergehens verhaftet. Der russische Polizei-
hauptmann Ivan Danko erhält von seinen Vorgesetzten den Auftrag, den Dealer aus den USA zurück nach Moskau zu schaffen.
Bei der Auslieferung des Gefangenen laufen Danko und seine
widerwillige Liaison Ritzik jedoch in eine Falle der Cleanheads;
Danko wird verwundet, kann Rosta vor dessen Flucht aber noch
den Schlüssel zu einem Schließfach abnehmen. Nach dem allfälli-
gen Anschiß wird Ritzik zum Aufpasser für Danko ernannt, der
Rosta nun auf eigene Faust ausfindig machen will. Als ein Spitzel
dank der Überredungskunst des Russen von einem bevorstehen-
den Kokain-Monsterdeal berichtet, statten die beiden Cops dem
Anführer der Cleanheads, einem blinden Schwarzen namens
Abdul Elijah, im Gefängnis einen Besuch ab. Danko bietet Elijah
einen Deal an: den Schlüssel und das Kokain gegen Rosta. Elijah
willigt ein und lockt mit Hilfe von Rostas amerikanischer Frau
Catherine Manzetti die beiden Cops in eine Parkgarage. Das
Treffen endet indes unentschieden; auch als Ritzik und Danko
den mit schweren Schußverletzungen im Krankenhaus liegenden
Partner Rostas verhören wollen, kommt das ungleiche Team zu
spät: Tatomovich ist bereits tot, ermordet von einem als Krankenschwester verkleideten Transsexuellen. In der anschließenden

›Red Heat‹

Jagd durchs Krankenhaus rettet Danko seinem Partner das Leben und ermöglicht überdies der gleichfalls anwesenden Kate Manzetti die Flucht. Jene revanchiert sich mit einem telefonischen Tip. Bevor Danko jedoch den genauen Übergabeort erfahren kann, treten die Cleanheads zu einem Sturmangriff auf Dankos Hotelzimmer an. Durch einen Trick Rostas laufen sie in eine Falle und werden restlos aufgerieben, dem Dealer gelingt im herrschenden Durcheinander die Flucht mit dem Schlüssel. Als kurz darauf auch Kate tot aus dem Fluß gefischt wird, scheinen die Ermittlungen vorerst gescheitert. Mit Hilfe seines Schwagers gelingt es Ritzik jedoch, aufgrund der von Danko notierten Schlüsselnummer den Ort der Übergabe herauszufinden: ein Busterminal. Eine rasante Jagd in schweren Bussen nimmt ihren Lauf, bis Rosta schließlich mit seinem Gefährt in einen Eisenbahntender rast. Danko kann den Dealer im Showdown erschießen, vor seiner Rückkehr nach Moskau tauscht er als Beweis ihrer neuen Freundschaft noch die Uhren mit seinem amerikanischen Kollegen.
»Ganz in seinem Element bricht die ›Österreichische Eiche‹ etliche Fingerknochen. Drückt glühend heiße Kohle in die Handfläche. Verteilt stahlharte Faustschläge. Oder ballert als schießwütiger Supermann seinen Widersachern Löcher in die Brust. Zum rasanten Showdown sitzt der ›Eisenbeißer‹ schnaubend vor Wut in einem Bus und rasiert die Busühren Chicagos ab – als ginge es darum, zu Hause den Rasen zu mähen. Obwohl unter dem Gütesiegel des Action-Spezialisten Walter Hill inszeniert, krankt dieser Ost-West-Eintopf an reichlich faden Zitaten. Einfallslos die ganze Story; abgedroschen die Dialoge; ohne Pfiff und gerade noch zumutbar die Action-Beiträge. Alles in allem: eine der schwächsten Millionen-Filmchen des Ex-Bodybuilders.«
(Peter A. Weckert, *Münchner Merkur*)

»Walter Hill bereichert ein zur Zeit populäres Thema des amerikanischen Unterhaltungskinos, das Zusammentreffen zweier grundverschiedener Charaktere, die einer gemeinsamen Sache wegen am gleichen Strang ziehen müssen, um eine neue Variante, wobei er nicht gerade zimperlich mit der Verteilung von Klischees umgeht. Aber gerade aus der gesteigerten Typisierung, die sich schon in der Besetzung der Hauptrollen niederschlägt – Arnold Schwarzenegger als hünenhafter Sowjetmensch, der nur seinem System und seiner Ehre verpflichtet ist, Jim Belushi als sprüche-

klopfender Vertreter des kapitalistischen Systems, das aus den Fugen gerät –, erzielt der Film einen Teil seines grimmigen Witzes. Da werden bestehende Vorurteile einerseits bestätigt, kann man andererseits aber über sie schmunzeln; irgendwie scheint eine Mischung aus dem Russen und dem Ami der Prototyp eines zukünftigen Weltbürgers zu sein.«
(Hans Messias, *film-dienst*)

15. Twins (Twins)
USA 1988

Regie Ivan Reitman *Produktion* Universal (Ivan Reitman) *Ausführende Produzenten* Joe Medjuck, Michael C. Gross *Beteiligte Produzenten* Sheldon Kahn, Gordon Webb *Produktionskoordination* Pam Cederquist, Pamela Easley *Aufnahmeleitung* Gordon Webb *Regieassistenz* Peter Giuliano, Barry Thomas, Linnea Wicklund, Ira Stanley Rosenstein *Drehbuch* William Davies, William Osborne, Timothy Harris, Herschel Weingrod *Kamera* Andrzej Bartkowiak (DeLuxe) *Second Unit-Kamera* Craig Denault *Kameraführung* Dusty Blauvelt *Steadicam-Bedienung* Toby Phillips *Schnitt* Sheldon Kahn, Donn Cambern *Production Design* James D. Bissell *Art Direction* Chris Burian-Mohr *Set Design* Nancy Patton, William James Teegarden, Edward S. Verreaux *Dekor* John T. Walker *Set Dressers* Gordon Meloeny, Robert G. Santaella, Bryan Garofalo, Steven Lee Baer *Kostüme* Gloria Gresham *Garderobe* Tony Scarano, Oda Groeschel, Adrienne Manhan *Make-Up* Jeff Dawn, Leonard Engelman, Katherine Kotorakos, Joanna Balkin *Visuelle Effekte* Boss Film Corporation *Spezialeffekte* Michael Lantieri *Tierdressur* Paul Calabria, Karin Drew *Musik* Georges Delerue, Randy Edelman *Musiküberwachung* Peter Afterman *Musikschnitt* Frank Fitzpatrick *Songs* »Twins« von Skip Scarborough und Lorrin »Smokey« Bates, gespielt von Philip Bailey und Little Richard; »Yakety Yak« von Jerry Leiber und Mike Stoller, gespielt von 2 Live Crew mit The Coasters; »Brother to Brother« von Tom Kimmel und Elizabeth Vidal, gespielt von The Spinners; »I'd Die for This Dance« von Tena Clark und Gary Prim, gespielt von Nicolette Larson, Jeff Beck, Terry Bozzio und Tony Hymas; »Turtle Shoes« von Bobby McFerrin und Herbie Hancock; »It's Too Late« von Andy »Panda« Tripoli und Bobby Khozouri, gespielt von Nayobe; »Green Onions« von Booker T. Jones, Steve

›Twins‹ – Mit Danny DeVito.

Cropper, Lewis Steinberg und Al Jackson jr.; »The Stumble« von
Freddie King und Sony Thompson, gespielt von Jeff Beck, Terry
Bozzio, Tony Hymas und Peter Richardson; »The Train Kept
a-Rollin'« von Tiny Bradshaw, Lois Mann und Howie Kay, gespielt
von Jeff Beck, Tony Hymas und Peter Richardson; »I Only Have

Eyes for You« von Harry Warren und Al Dubin, gespielt von Marilyn Scott *Choreographie* Paula Tracy Smuin *Tonaufnahme* Gene Cantamessa (Dolby Stereo) *Spezielle Toneffekte* Tom Buffum *Toneffektschnitt* David Ice, Don Walden, Mary Ruth Smith, Ed Rossi, Mark Gordon, Bill Hartman, Jeff Rosen, Dave Williams *Tonschnitt* Tom McCarthy jr., Fred Judkins *ADR-Schnitt* Dick Friedman, Joe Gilbert *Tonüberspielung* Les Fresholtz, Verne Poore, Dick Alexander *Stuntkoordination* Joel Kramer *Stunts* Amber Alexander, Bobby Bass, Steve Boyum, Jophery Clifford Brown, Jerry Brutsche, Buzz Bundy, Erik Cord, Vincent Paul Deadrick jr., Nick Dimitri, Richard Drown, Stephanie Epper, Debbie Evans, Donna Garrett, Sandra Lee Gimpel, Marguerite Happy, Roy Harrison, Steven Hal Lambert, Allen Michael Lerner, David L. Perna, Walter Robles, R.A. Rondell, Frank J. Sparks, Michael M. Vendrell *Titel/Opticals* Pacific Title

Darsteller Arnold Schwarzenegger (Julius Benedict), Danny DeVito (Vincent Benedict), Kelly Preston (Marnie Mason), Chloe Webb (Linda Mason), Bonnie Bartlett (Mary Ann Benedict), Marshall Bell (Webster), Trey Wilson (Beetroot McKinley), David Caruso (Al Greco), Hugh O'Brien (Granger), Tony Jay (Werner), Nehemiah Persoff (Mitchell Traven), Maury Chaykin (Burt Klane), Thom McCleister (Bob Klane), David Efron (Morris Klane), Peter Dvorsky (Peter Garfield), Robert Harper (Gilbert Larsen), Rosemary Dunsmore (Miß Busby), Lora Milligan (Stewardeß), Richard deFaut (Vormund), Richard Portnow (Eigentümer des Chopshops), S.A. Griffin/Billy D. Lucas (Hollywood-Biker), Lew Hopson (Cop), Frances Bay (Oberin), Marvin J. McIntyre (McKinleys Mann), Cary-Hiroyuki Tagawa (Asiate), Wayne Grace/Thomas Wagner (Wachen), Jay Arlen Jones/Tyrone Granderson (Spediteure), Elizabeth Kaitan (Sekretärin), Tom Platz/Roger Callard (Granger-Söhne), Jason Reitman (Granger-Enkel), Catherine Reitman (Granger-Enkelin), Dendrie Taylor (Nachbarin), Sven-Ole Thorsen (Sam Klane), Gus Rethwisch (Dave Klane), Linda Porter (Maler), Bruce McBroom (Vater), Joseph Medjuck (Photograph), Frank Davis/John Michael Bolger (Wachen), Steve Reeves (Indianer), Jeff Beck/Terry Bozzio/Tony Hymas/Nicolette Larson/Jill Avery (Band)
Laufzeit 107 Minuten (OF/DF)
Verleih UIP (Kino), CIC (Video)
Deutsche Erstaufführung 23. März 1989

An seinem 35. Geburtstag erfährt der auf einer einsamen Südseeinsel aufgewachsene Julius Benedict, daß bei der künstlichen Befruchtung, der er seine Existenz verdankt, noch ein zweites Kind zur Welt kam. Er macht sich im Ruderboot auf den Weg zum 27 Meilen entfernten Flughafen und trifft dank seiner empathischen Veranlagung in Los Angeles rasch auf seinen Zwillingsbruder. Vincent Benedict entpuppt sich als kleiner Autodieb, der gerade wegen einiger nicht bezahlter Strafzettel im Knast sitzt. Julius löst ihn aus, kann den mißtrauischen Bruder aber erst dann von seinen Behauptungen überzeugen, als er ihn vor einem Schläger der Gebrüder Klane rettet, denen Vincent 20.000 Dollar schuldet. In der Folge bringt Vincent seinen Bruder dazu, ihm beim Diebstahl eines Cadillac unter die Arme zu greifen. Als Dank lädt er Julius zu sich nach Hause ein, wo der verblüffte Riese aus einem Brief erfahren muß, daß auch seine Mutter Mary Ann entgegen den Behauptungen des Projektleiters Traven nicht bei der Geburt gestorben ist. Während sich Julius auf die Suche nach seinen Vätern macht und auch recht schnell fündig wird, erfährt Vincent durch ein Tonband, daß sich im Kofferraum des jüngst gestohlenen Cadillac ein hochdotierter Prototyp einer neuen Einspritzpumpe befindet. Er nimmt mit dem vorgesehenen Käufer Beetroot McKinley Verbindung auf und macht sich umgehend auf den Weg, als er den geplanten Übergabepreis – fünf Millionen Dollar – erfährt. Zwar versucht Vincent noch, Julius abzuwimmeln, der unbedingt in New Mexico Kontakt mit Traven aufnehmen möchte, muß sich am Ende aber damit abfinden, daß ihn nicht nur sein Bruder, sondern auch seine Freundin Linda und deren Schwester Marnie auf der Reise nach Houston begleiten. Dicht verfolgt von dem eigentlichen Auftragnehmer Webster, einem brutalen Killer, und den Klane-Brüdern gelangt man schließlich nach Los Alamos. Dort erfahren die Benedicts von Traven die Hintergründe ihrer Herkunft: Bei Vincent handle es sich lediglich um eine Nebenwirkung des Experiments, in dem sich sozusagen alle negativen Gene des Spenderpools angesammelt hätten. Julius tröstet seinen tief geknickten Bruder, anschließend zieht man sich ins Hotel zurück, wo es auf Vincents Betreiben in der Nacht zu einem gemischten Doppel kommt: Marnie wirft sich an den unschuldigen Julius heran, Linda schläft mit Vincent. Am folgenden Tag sucht man gemeinsam die nahegelegene Künstlerkolonie auf, wo sich Mary Ann Benedict angeblich seit einigen Jahren aufhalten soll. Jene hält das ungleiche Paar indes für Grundstücksspekulanten und lügt ihnen vor, daß Mary Ann vor einiger Zeit verschieden sei. Wütend rast Vincent allein zum Treffen mit Beetroot McKinley davon. Der Austausch findet statt, kurz darauf trifft Webster am Übergabeort ein. Vincent und dem seinem Bruder nachgeeilten Julius gelingt es jedoch mit einem Trick, den Killer auszuschalten. Die Brüder geben den Prototyp an den rechtmäßigen Besitzer zurück, zwakken von den fünf Millionen Dollar einen kleinen Betrag für sich ab und gründen eine neue Firma. Wenig später steht Mary Ann in der Tür, der ein Zeitungsartikel über Vincent und Julius endlich die Augen geöffnet hat. Die beiden Brüder heiraten ihre jeweiligen Freundinnen und machen sich selbst an die Produktion von Zwillingen...

»Ironie steht dem Julius-Darsteller Arnold Schwarzenegger nicht schlecht. Unter den Muskelschwellungen des einstigen Body-Builders pocht eine komödiantische Ader. Sie freizulegen, gelang Reitman, indem er Schwarzeneggers schmales mimisches Talent optimal nutzte. Aus der Not wurde eine Tugend: Nußknackerlächeln und etwas hölzerne Bewegungen sitzen der Figur des Julius wie angegossen. Als edler Naiver erscheint er auf der Bildfläche, um sich den Initiationsriten für den US-Alltag zu unterziehen: Der Konsum von Hot Dogs und Bier, das Autofahren und das erste Rendezvous erweisen sich als unerläßliche Stationen auf dem Weg zum harmonischen Familienleben.«
(Peter Körte, *Frankfurter Rundschau*)

»Leider waren die Drehbuchautoren und der Regisseur, etwa zur Hälfte des Films, mit ihrer Phantasie am Ende. Selten zeigt sich der Bruch zwischen (selbst)ironischem Unterhaltungskino und langweiligem Bemühen eindrucksvoller als hier. Die schauspielerische Schwäche Schwarzeneggers an der Seite des brillianten DeVito, einige überflüssige Action-Einlagen hätte man durchaus übersehen können. Nicht aber, daß sich der komödantische Stoff auf den Straßen, in den weiten Landschaften Amerikas mehr und mehr verflüchtigt.«
(Wolfgang Würker, *Frankfurter Allgemeine Zeitung*)

16. Total Recall (Die totale Erinnerung)
USA 1990

Regie Paul Verhoeven *Produktion* Carolco (Buzz Feitshans, Ronald Shusett) *Ausführende Produzenten* Mario Kasar, Andrew Vajna *Beteiligte Produzenten* Elliot Schick, Robert Fentress *Produktionsbeteiligung* Dennis J. Parrish *Produktionsleitung* Marco Aurelio Ortiz *Produktionskontrolle* Jim Davidson *Produktionskoordination* Judith Goodman *Aufnahmeleitung* Anuar Badin, Terry Collins *Unit Manager* Juan Clemente Prosper *Location Manager* Anna Roth, Lily Flaschner *Post-Production* Michael R. Sloan (Überw.), Noori Dehnani (Koord.) *Regieassistenz* Juan Carlos »Kuki« Lopez, Miguel Lima, Inigo Vallejo, Matthew Feitshans, Efren del Moral, Ileana Franco U., Hugo Gutierrez Cuellar, Guillermo Carreno Saavedro *Second Unit* (Regie) Vic Armstrong, (Kamera) Alex Phillips *Drehbuch* Ronald Shusett, Dan O'Bannon, Gary Goldman *Story* Ronald Shusett, Dan O'Bannon, Jon Povill. Inspiriert von der Kurzgeschichte »We Can Remember It for You Wholesale« (1966) von Philip K. Dick *Kamera* Jost Vacano (Technicolor) *Animationskamera* Pat Kenly, Anjelica Casillas *Matte-Kamera* James Green *Modellkamera* Alex Funke *Optical-Kamera* Brad Kuehn (Ltg.), Jon Alexander, James Hagedorn *Plates* Chuck Schuman, Chris Duddy *Effektkamera* Rexford Metz *Kameraführung* Anette Haellmiek, Donald Bryant, Carlos Montano J. *Video* Richard Clark, (Schn.) Carole Kenneally *Videographik-Design* Brent Collins *Schnitt* Frank J. Urioste *Production Design* William Sandell *Art Direction* James Tocci, José Rodriguez Granada *Set Design* Marco Trentini, Miguel Chang, Carlos Echeverria *Dekor* Robert Gould *Set Dressers* José F. Solorio, Theresa Wachter *Konzepte* Ron Cobb *Illustration* Stephen Burg *Storyboards* Giacomo Ghiazza *Kostüme* Erica Edell Phillips (Des.), Joan Skelton Thomas, Taneia Lednicky (Set) *Garderobe* Abel Melo, Ismael Jardon Tejas *Make-Up* Jefferson Dawn, Craig Berkeley, Robin Weiss *Spezielle Make-Up Effekte* Rob Bottin *Visuelle Spezialeffekte* Eric Brevig (Überw.), B.J. Rack (Ber.); »Dream Quest Images« Keith Shartle (Ausf.Prod.), Mary Siceloff (Prod.), Jennifer Oates (Prod.Koord.), Tracy Hauser (Aufn.Ltg.), Debra Wolff (Schn.) *Zusätzliche optische Effekte* »Industrial Light & Magic« Dave Carson (Überw.), Janet Healy (Prod.), Anne Calanchini (Koord.), *Opticals* Jeff Matakovich (Überw.), (Compositing) David McCue, Marlo Pobon, Kristopher Gregg, Dennis Dorney, Georgie Huntington, Rich Cohen *Line-up* Tom Rosseter,

Dave Karpman, Lori Nelson *Motion Control* Scott Beattie, Michael Bigelow, Rob Burton, Michael Shea, (Elektronik) Fred Iguchi, Robert Wilcox *Process Compositing* Hansard *Matte-Künstler* Robert Scifo (Ltg.), Ken Allen, Jesse Silver, Donna Tracy *Spezialeffekte* Thomas L. Fischer (Überw.), Scott Fisher, William Gregory Curtis, Dale Martin, James Rollins *Animation* Jeff Burks *Rotoscope* James Valentine, Tom Bertino *Modelle* »Stetson Visual Services« Mark Stetson, Robert Spurlock (Überw.), Tom Valentine (Des.), George Trimme (Herstellung), Metrolight Studios (Skelett-Sequenz) *Creature-Effekte* Rob Bottin (Ltg.), Fernando Favila, Dawn Severdia (Proj.Koord.), Henry Alvarez, Jennifer Ann Barnes, Margaret Beserra, Amanda Beard, Jim Belohovek, Paula Beyers, Roland Blancaflor, Marcus Brandly, James Clark, Al Coulter, Tracy Defreitas, Bryan Dewe, Stephen Dupuis, Jim Feldman, Gunnar Ferdinansen, Greg Figiel, Tammy Fites, Gloria Hylton, Karen Kleinfeld, Lee Grodsky, Robin McDonald, Tricia McFarlin, Don McCleod, Becky Ochoa, Dennis Pawlik, Chuck Montoya, Vince Prentice, Tom Prosser, Art Pimentel, Samuel Sainz, Ernie Shelton, Alberto Revilla, Al Sousa, Miles Teves, Loren Soman, Andrea Toste, Stuart Ziff, Blake Torney *Musik* Jerry Goldsmith. Gespielt von The National Philharmonic Orchestra *Orchestrierung* Arthur Morton *Musikschnitt* Kenneth Hall *Songs* »Mutant Dancing«, »Running Out of Air« und »Rubble City« von Geo *Tonaufnahme* Nelson Stoll, (Mus.) Bruce Botnick. Dolby Stereo *Dolby-Beratung* Douglas Greenfield *Spezielle Toneffekte* John Pospisil, Alan Howarth *Toneffektschnitt* Stephen H. Flick (Überw.), David Bartlett, Ronald Bartlett, James Christopher, Donald Flick, Nicholas James *Tonschnitt* (Dial.) Scott A. Hecker (Überw.), David Arnold *ADR-Schnitt* Norman B. Schwartz (Überw.), Hank Salerno *Foley-Schnitt* Butch Wolf, Steve Richardson, Judee Flick *Tonüberspielung* Michael J. Kohut, Carlos DeLarios, Aaron Rochin *Stuntkoordination* Vic Armstrong, Joel Kramer *Stunts* Andy Armstrong, Alejandro Avendano, Bruce Barbour, Gary Baxley, Dickey Beer, Clay Boss, May Boss, Simone Boisseree, Tony Brubaker, Chere Rae Bryson, Richard Butler, Roger Callard, Ignacio Carreno, Jorge Casares, Ann Chatterton, Doug Coleman, Simon Crane, Graeme Crowther, Vince Deadrick, Leon Delaney, Nick Dimitri, Kenny Endoso, Jeannie Epper, Stephanie Epper, Donna Evans, Dana Evenson, José Gallegos, Buddy Gilyard, Allan Graf, Ed Hamilton, Roy Harrison, Suzanne Hefner, Freddie Hice, John

›Total Recall‹

Hock, Marcia Holley, Bob Jauregui, Jeff Jensen, Jess Johnson, Peter Kent, Steve Lambert, Gene Lebell, Wendy Leech, Fred Lerner, A. Michael Lerner, Billy Lucas, Lars Lundgren, Mauricio Martinez, Mike McGaughy, Bronco McLoughlin, Wayne Michaels, Bennie Moore, Gabriela Moreno, Gerardo Moreno, Steve Pecerni, Gabor Piroch, Terry Richards, Walt Robles, Gregg Sargeant, Cherie Tash, Rafael Valdes, Ric Waugh, Gary Wayton, J. David Webster, Danny Weselis, George P. Wilbur, Dick Ziker
Titeldesign Wayne Fitzgerald *Titel/Opticals* Cinema Research Corporation
Darsteller ARNOLD SCHWARZENEGGER (Douglas Quaid), Rachel Ticotin (Melina), Sharon Stone (Lori Quaid), Ronny Cox (Cohaagen), Michael Ironside (Richter), Marshall Bell (George/Kuato), Mel Johnson jr. (Benny), Michael Champion (Helm), Roy Brocksmith (Dr. Edgemar), Ray Baker (McClane), Rosemary Dunsmore (Dr. Lull), David Knell (Ernie), Alexia Robinson (Tiffany), Dean Norris (Tony), Mark Carlton (Bartender), Debbie Lee Carrington (Thumbelina), Lycia Naff (Mary), Bobby Costanzo (Harry), Michael LaGuardia (Stevens), Priscilla Allen (dicke Frau), Ken Strausbaugh (Einwanderungsoffizier), Marc Alaimo (Everett), Mi-

chael Gregory (Leutnant der Rebellen), Ken Gilden (Hotelange-stellter), Mickey Jones (Bergarbeiter), Parker Whitman (marsiani-scher Ehemann), Ellen Gollas (marsianische Frau), Gloria Dorson (Frau in der Telefonzelle), Erika Carlson (Miß Lonelyhearts), Benny Corral (Punk-Taxifahrer), Bob Tzudiker (Arzt), Erik Cord (Laborassistent), Frank Kopyc (Techniker), Chuck Sloan/Dave Nicolson (Wissenschaftler), Paula McClure (Nachrichtensprecherin), Rebecca Ruth (Reporter), Milt Tarver (Werbesprecher), Roger Cudney (Agent), Monica Steuer (Mutantenmutter), Sasha Rionda (Mutantenkind), Linda Howell (Tennis-Pro), Robert Picardo (Stimme des Johnnycab; OF), Anne Lockhart/Kamala Lopez/ Morgan Lofting/Patti Attar/Bob Bergen/Joe Unger/Karlyn Michelson (Stimmen; OF)
Laufzeit 113 Minuten (OF), 111 Minuten (DF, Kino), 106 Minuten (DF, Video)
Deutsche Erstaufführung 26. Juli 1990
Verleih Scotia (Kino), UFA (Video)

Die Erde im Jahre 2084. Der Bauarbeiter Douglas Quaid sieht sich von einem Traum heimgesucht, in dem er mit einer unbekannten Brünetten am Rand eines Marskraters steht. Als sich seine Frau kategorisch gegen eine Reise zum Mars ausspricht, besucht Quaid – durch die Werbung aufmerksam geworden – die Firma Rekall, die sich auf die Implantation falscher, in nichts von tatsächlich Erlebtem unterscheidbaren Erinnerungen spezialisiert hat. Quaid bucht die Erinnerung an eine Reise zum Mars; beim Verkaufsgespräch gelingt es dem Manager von Rekall überdies, dem Bauarbeiter einen »Egotrip« aufzuschwatzen: Quaid wird die (fiktive) Reise zum Mars nicht als er selbst, sondern als Geheimagent mit lebenswichtigem Auftrag bestreiten. Aus Neugier läßt sich Quaid zudem noch die Optionen »Außerirdische Artefakte« und »Spröde Brünette« andrehen. Bei der anschließenden Implantation geht indes etwas schief. Quaid erleidet einen schizoiden Embolismus, scheinbar wurde sein Gedächtnis schon einmal vollständig gelöscht. Aus Angst um den Ruf seiner Firma läßt der Manager alle Erinnerungen Quaids an Rekall löschen und verfrachtet den Bewußtlosen in ein Taxi. Verwirrt zu Hause angekommen, sieht sich der Bauarbeiter seinen Arbeitskollegen gegenüber. Jene bedrohen ihn mit Waffengewalt und beschuldigen ihn, seine Tarnung aufgegeben zu haben. Quaid erledigt seine Gegner mit ungewohntem Geschick; als er seiner Frau die ungewöhnlichen Ereignisse erzählt, versucht jedoch auch jene, ihn aus dem Weg zu räumen. Quaid kann sie überwältigen und zum Reden bringen: In Wahrheit, so seine »Frau«, seien alle seine Erinnerungen an sein bisheriges Leben als Bauarbeiter falsch, künstliche Implantate. Sein wahrer Name sei Hauser. Früher habe er im Dienste des marsianischen Diktators Coohagen gestanden, sich dann jedoch

›Total Recall‹ – *Sasha Rionda und Monica Steuer.*

auf die Seite der Mutantenrebellen geschlagen. Schließlich sei ihm Coohagen auf die Schliche gekommen und habe sein Gedächtnis gelöscht, darunter auch die Erinnerung an eine außergewöhnliche Entdeckung in den Höhlen des Mars. Quaid flüchtet in eine billige Absteige, wo er von einem Fremden einen Koffer zugespielt bekommt. Darin befindet sich neben reichlich Bargeld, mehreren Ausweisen und einem Holoprojektor auch ein Videoband, auf dem sein früheres Ich Hauser die Behauptungen bestätigt. Quaid fliegt zum Mars und nimmt aufgrund der Videoanweisungen Kontakt mit der brünetten Prostituierten Melina auf, offenbar eine enge Freundin Hausers. Die mißtrauische Melina läßt Quaid zunächst jedoch abblitzen. Wieder im Hotel erhält er Besuch von einem Mann, der sich als Psychiater Rekalls ausgibt und ihm einzureden versucht, daß all seine bisherigen Erlebnisse lediglich Teil des inzwischen außer Kontrolle geratenen Gedächtnisimplantats von Rekall seien. Wenn er, Quaid, in dieser Form weitermache, sei ihm die Lobotomierung gewiß. Durch einen Schweißausbruch des Psychiaters argwöhnisch geworden, erschießt Quaid den Mann. Im selben Moment dringen Coohagens Truppen in die Hotelsuite ein und nehmen ihn gefangen. Melina gelingt es jedoch, Quaid zu befreien und mit ihm in das Tunnelsystem der Rebellen zu flüchten. Dort trifft Quaid auf den Anführer der Mutanten, Kuato, der mit Hilfe seiner mentalen Fähigkeiten die Gedächtnisblockade aufhebt: In einer alten Mine hat Coohagen einen außerirdischen Reaktor gefunden, der nach Meinung der Experten den gefrorenen Kern des Mars verdampfen und dem Planeten so zu einer irdischen Atmosphäre verhelfen soll. Bevor Quaid die Informationen verdaut hat, dringen Coohagens Männer in das Tunnelsystem ein, erschießen Kuato und nehmen ihn und Melina gefangen. In Coohagens Büro erfährt Quaid schließlich die ganze Wahrheit: Er sei nach wie vor Coohagens Mann. Die Geschichte mit Hausers angeblichem Seitenwechsel und der völligen Löschung seines Gedächtnisses habe sich sein früheres Ich selbst ausgedacht, um den telepathisch begabten Kuato zu täuschen. Bevor Coohagen die Gedächtnislöschung rückgängig machen kann, gelingt Melina und Quaid, dem sein jetziges Ich sehr viel sympathischer ist als der skrupellose Hauser, die Flucht. Gemeinsam dringt man in die Reaktorhöhle vor und schaltet Coohagens Männer aus. Quaid will gerade den Reaktor einschalten, als Coohagen eintrifft. Es kommt zu einem Feuergefecht, die

Schutzkuppel zerbricht, Quaid kann den Reaktor gerade noch aktivieren, bevor auch er auf die Marsoberfläche gesogen wird. Coohagen stirbt an explosiver Dekompression; kurz bevor auch Melina und Quaid das Zeitliche segnen, nimmt der Reaktor seine Arbeit auf und verhilft dem Planeten in rasender Geschwindigkeit zu einer Atmosphäre. Vom Rand eines Kraters blicken Melina und Quaid in den nunmehr blauen Himmel des verwandelten Mars. Vor dem finalen Kuß argwöhnt Quaid freilich, ob nicht alles doch ein Traum war ...

»Schriller, primitiver, aber gleichzeitig auch raffinierter auf das Zielpublikum zugeschnitten, kann man aus einem Science-fiction-Film kaum die Rechtfertigung für dramaturgisches Tohuwabohu beziehen. Die wahren Abenteuer finden in *Die totale Erinnerung* nur deshalb im Kopf statt, weil dieser sonst ausschließlich als Kugelfang gebraucht würde (...) Arnolds neuem Kraft-Werk fehlt in allen Belangen das Revolutionäre im Science-fiction-Genre – es ist eine blutgetränkte Melange aus Altbewährtem: James Bond setzt sich ins Raumschiff Enterprise und begegnet Mutanten, deren Narbenmasken eben um eine Quentchen perfekter angekleistert sind als damals, wo noch Captain Kirk und seine Schlitzohren durch die Galaxien brausten.«
(Klaus Kamolz, *Profil*)

»Paul Verhoevens Adaptation von Philip K. Dicks Kurzgeschichte *We Can Remember It For You Wholesale* verbindet geschickt zwei traditionelle Themen der SF, das eher klassische, actionbetonte Weltraumabenteuer und die vor allem in den Sechzigern populären Drogenreisen durch den Inner Space. Einmal mehr zeigt sich dabei die unpathetische, unsentimentale Sichtweise des Regisseurs von *Robo-Cop*, *Flesh and Blood* und *De vierde man*, indem es für den Zuschauer zu ähnlich schwer durchschaubaren Vermischungen von Ebenen kommt, und die Traumebene dem Hauptdarsteller Hinweise auf Reales liefert (...) Da der fünfzig bis sechzig Millionen Dollar teure Film für ein Massenpublikum konzipiert und nicht für eine elitäre Fangemeinde gedacht war, ist um so erstaunlicher, daß sehr viel von Dicks Schärfe über die Identitätenproblematik übernommen wurde. Quaids Reise verläuft genauso, wie sie Rekall-Manager McClane ihm zuvor skizziert hatte: ein Egotrip als Geheimagent.«
(Almut Oetjen, *Enzyklopädie des phantastischen Films*)

17. Kindergarten Cop (Kindergarten Cop)
USA 1990

Regie Ivan Reitman *Produktion* Universal. Eine Imagine Entertainment Produktion (Ivan Reitman, Brian Grazer) *Ausführende Produzenten* Joe Medjuck, Michael C. Gross *Beteiligte Produzenten* Sheldon Kahn, Gordon Webb *Produktionskoordination* Pamela Cederquist *Aufnahmeleitung* Robert M. Webb *Location Manager* Ira Stanley Rosenstein, Lisa Blok-Linson *Second Unit* (Regie) Michael C. Gross, (Kamera) Robert Thomas *Regieassistenz* Peter Giuliano, Gabriela Vazquez, Chris Stoia, J.J. Linsalata, Kate Davey *Drehbuch* Murray Salem, Herschel Weingrod, Timothy Harris *Story* Murray Salem *Kamera* Michael Chapman (Farbe) *Kameraführung* Michael Genne, Bill Roe, Randy Nolen *Schnitt* Sheldon Kahn, Wendy Greene Bricmont *Production Design* Bruno Rubes *Visuelle Beratung* Victor Kempster *Art Direction* Richard Mays *Dekor* Anne D. McCulley *Set Design* Joseph B. Pacelli jr., Beverli Egan, Larry Hubbs *Illustration* Jack Johnson *Kostüme* Margo Baxley *Garderobe* Janis Mekaelian, Adrienne Manhan, Leslie Weir, Dan Bronson *Make-Up* Jeff Dawn, Ken Chase *Mattes* Industrial Light & Magic *Spezialeffekte* Bruno van Zeebroeck, William Aldridge, Andrew Sebok, Gary Zink, Bruce Knechtges, Joe Ramsey *Mechanisches Frettchen* Robert Short *Musik* Randy Edelman *Orchestrierung* Greig McRitchie *Musikschnitt* Kathy Durning, Triad Music Inc. *Tonaufnahme* Gene S. Cantamessa (Dolby Stereo) *Tonschnitt* Tom McCarthy jr. (Ltg.), Don S. Walden, Bill Hartman, Roxanne Jones McCarthy, Gary Kravacek, James Klinger, David M. Ice, John Wilde, Vic Lackey, Ian MacGregor-Scott *ADR-Schnitt* R.J. Kizer *Tonüberspielung* Gary Bourgeois, Matthew Iadarola *Stuntkoordination* Joel Kramere *Tierdressur* Paul Calabria, Karin Dew *Titel/Opticals* Pacific Title

Darsteller ARNOLD SCHWARZENEGGER (Detective John Kimble), Penelope Ann Miller (Joyce), Pamela Reed (Phoebe O'Hara), Linda Hunt (Miß Schlowski), Richard Tyson (Cullen Crisp), Carroll Baker (Eleanor Crisp), Joseph Cousins/Christian Cousins (Dominic), Cathy Moriarty (Sylvesters Mutter), Park Overall (Samanthas Mutter), Jayne Brook (Zachs Mutter), Richard Portnow (Captain Salazar), Tom Kurlander (Danny), Alix Koromzay (Cindy), Betty Lou Henson (Keishas Mutter), Heidi Swedberg (Joshuas Mutter), Stephen Root (Sheriff), Robert Nelson (Henry), Molly Cleator (Schlowskis Assistentin), Gary Hollis (Rice), Susan

Burns (Kellnerin), Ton Dugan (Crisps Anwalt), Rema (Maniküre), Jason Stuart (Friseur), Kim Delgado/Ray Glanzman/Ed Crick (Wachen), Angela Bassett (Stewardeß), Chi-Muoi Lo (Dealer), John Hammill (Zachs Vater), Steve Park (Salazars Assistent), John Steinkamp (Verkäufer im Spielwarenladen), Charlie Holiday (Daryl), Lee Forest (Apotheker), Judith Wix (Ersatzlehrer), Galen Yulen/Frankie Avina/Terry Golden/Lee Dupre (zwielichtige Typen), Teague O'Connor (Alex), Michael Chapman (Feuerwehrmann), Trevor Reed/Travis Reed/Jason Howard (Flugzeugjungs), Debra Casey (Punk-Tramp), Peter Vascuez/Jacques Bolton/Leo Lee (Straßengang), Evelyn Abrahams (Busfahrerin), Kenneth Chapman (Feuerwehrhauptmann), Hanna J. Haynes (Verkäufer), Rick Jones (Samanthas Vater), Mimi J. Kauffmann (Restauranthosteß), Catherine Reitman (Schülerin), Tiffany Reaves (Tiffany), Jason Reitman (Jason), Anne Merrem (Schwester), Arlene Pharlon (Empfangsdame), Robert Short/Douglas S. Turner (Puppenspieler), Justin Page (Zach), Peter Rakow (Joshua), Sarah Rose Karr (Emma), Marissa Rosen (Samantha), Ben McCarey (Lowell), Miko Hughes (Joseph), Robert Cave (John), Ben Diskin (Sylvester), Tameka Runnels (Keisha), Medha Garg (Latiana), Brian Wagner (William), John Christian Graas (Kevin), Jim Jim Jackson (Sedgewinn), Ian Baumer (Sam), Amy Wald (Sarah), Tiffany Materas (Tina), Krystle Materas (Rina), James Chance (Matthew), Adam Wylie (Larry), Nicole Nagorsky (Heather), Ross Malinger (Harvey), Amber Reaves (Mary), Odette Yustman (Rosa), Tina Hart (Dorothy), Emily Ann Lloyd (Jennifer), Haley Urman (Courtney), Bethany Jaye Allyn (Catherine), Zachary Marsh (Nick), Anthony Wong (Tom), Remone Bradley (Erwin)
Laufzeit 111 Minuten (OF/DF)
Deutsche Erstaufführung 5. Februar 1991
Verleih UIP (Kino), CIC (Video)

Los Angeles. Der Dealer Cullen Crisp erhält von einem Junkie den Tip, daß sich seine Frau zusammen mit den verschwundenen drei Millionen Dollar in der Kleinstadt Astoria/Oregon aufhält. Als er seinen Informanten daraufhin kurzerhand erschießt, kann der Polizist John Kimble ihn aufgrund der Aussage der Tatzeugin Cindy verhaften. Zusammen mit einer Kollegin, Phoebe O'Hara, macht sich Kimble auf den Weg nach Astoria, wo O'Hara im örtlichen Kindergarten als Lehrerin posieren und so die Identität von Cullens Sohn herausfinden soll. Als sich O'Hara auf der Fahrt jedoch eine schwere Magenverstimmung zuzieht, bleibt Kimble nichts weiter übrig, als ihren Posten zu übernehmen. Sein erster Tag im Kindergarten gestaltet sich zu einer mittleren Katastrophe; aufgrund eines kleinen Tricks kann er die Verdächtigen jedoch auf zwei Kinder einschränken: Dominic, den Sohn der hübschen Lehrerin Joyce, und den gehemmten Zach. Als sich eine Feuerübung dank Kimbles Unerfahrenheit zum Chaos entwickelt und der Cop sich einen Anpfiff der Direktorin Miß Schlowski einfängt, gibt er schließlich auf Anraten O'Haras jede Zurückhaltung im Umgang mit den lieben Kleinen auf und bleut der Klasse preußische Disziplin ein. Nach einer Auseinandersetzung mit Zachs brutalem Vater engt sich der Kreis der Verdächtigen immer weiter auf Dominic ein. In Los Angeles hat Crisps Mutter unterdessen die Tatzeugin mit einer Überdosis Drogen ins Jenseits befördert und ihrem Sohn damit erneut zur Freiheit verholfen. Kimble sieht keine andere Chance mehr und konfrontiert die mittlerweile in ihn verliebte Joyce mit seinem Verdacht. Hysterisch gibt die Lehrerin alles zu, behauptet jedoch, daß die drei Millionen Dollar lediglich ein Trick ihres Mannes gewesen wären, um sich von der Polizei zu ihrem Versteck führen zu lassen. Kurz darauf dringt Crisp in den Kindergarten ein und legt Feuer. In der entstehenden Panik kann er Dominic als Geisel nehmen, worauf der Dealer von Kimble erschossen wird und eine genesene Phoebe O'Hara ihren Partner gerade rechtzeitig vor Crisps Mutter retten kann. Kimble gibt seinen Posten als Polizist auf, bleibt als Lehrer am Kindergarten und gründet mit Joyce und Dominic eine eigene Familie.

»Das von zahlreichen Autoren verfaßte Buch verwendet all seine Energie darauf, Big Arnie vor seinen kleinen Schützlingen in ein unpassendes, demütigendes Licht zu rücken. Daneben steckt es voll unbeholfener Kunstgriffe, angefangen von O'Haras plötzlicher Krankheit bis hin zu quälenden Fragen über die Notwendigkeit dieser bizarren Geheimaktion. Hätte die Polizei die Lehrer im Kindergarten nicht einfach ins Verhör nehmen können?«
(Mark Kermode, *Monthly Film Bulletin*)

»Nicht nur, daß die Dramaturgie nicht stimmt, viel zu schnell wandelt sich John vom eher tumben Cop zum anerkannten Erzieher. Auch die übrige Story gleitet zur voraussehbaren Gaunergeschichte ab, in der Gut und Böse eindimensional verteilt sind und

›Kindergarten Cop‹ - Mit Pamela Reed.

Gewalt eine allzu vordergründig, ja spektakuläre Rolle übernimmt.
Am übelsten aber ist die ›Der Zweck heiligt die Mittel‹-Philoso-
phie, die John, geduldet von seinen Vorgesetzten, schon bei der
Verbrechensbekämpfung an den Tag gelegt hat. Daß er sie nun in
die ›pädagogische Arbeit‹ übernimmt, ist geradezu perfide, zumal
sich der Film, zumindest in den USA, auch an ein Kinderpubli-
kum wendet.«
(Rolf-Ruediger Hamacher, *film-dienst*)

**18. The Terminator 2 – Judgment Day (Terminator 2 – Tag der
Entscheidung)**
USA 1991 *Regie* James Cameron *Produktion* Pacific Western. In
Zusammenarbeit mit Lightstorm Entertainment (James Came-
ron) *Ausführende Produzenten* Gale Anne Hurd, Mario Kassar *Co-
Produzenten* B.J. Rack, Stephanie Austin *Produktionskoordination*
Jane Prosnit *Aufnahmeleitung* Dirk Petersmann *Location Manager*
Richard Klotz *Regieassistenz* J. Michael Haynie, Terry Miller, Scott
Laughlin, Frank Davis, Tony Perez, Dustin Bernard, James Lans-
bury, Xochi Blymyer *Regie des 2. Teams* Gary Davis *Drehbuch*
James Cameron, William Wisher *Kamera* Adam Greenberg (CFI

Color) *Schnitt* Conrad Buff, Mark Goldblatt, Richard A. Harris *Production Design* Joseph Nemec III *Art Direction* Joseph P. Lucky *Dekor* John M. Dwyer *Kostüme* Marlene Stewart *Spezielle Make-Up Effekte/Terminator-Effekte* Stan Winston *Visuelle Spezialeffekte* Dennis Muren (Industrial Light & Magic), Fantasy Film II Effects, 4-Ward Productions, Robert Skotak, Elaine Edford *Musik* Brad Fiedel *Ton* Gloria S. Borders *Stuntkoordination* Gary Davis, Joel Kramer
Darsteller ARNOLD SCHWARZENEGGER (Terminator), Linda Hamilton (Sarah Connor), Edward Furlong (John Connor), Robert Patrick (T-1000), Earl Boen (Dr. Silberman), Joe Morton (Miles Dyson), S. Epatha Merkerson (Tarissa Dyson), Castulo Guerra (Enrique Salceda), Danny Cooksey (Tim), Jenette Goldstein (Janelle Voight), Xander Berkeley (Todd Voight)
Laufzeit 136 Minuten
Deutsche Erstaufführung 25. Oktober 1991
Verleih Columbia

»Zu Beginn der Story lebt John Connor bei neuen Pflegeeltern, seine Mutter ist aufgrund ihres Beharrens, daß die Ereignisse des ersten Films tatsächlich zugetragen haben, verhaftet und in eine Irrenanstalt eingewiesen worden. Nachdem ihr erster Versuch, Sarah zu ermorden und damit die Geburt des Jungen zu verhindern, gescheitert ist, schicken die Maschinen der Zukunft einen neuen Cyborg aus, um ihn endgültig umzubringen. Im Gegenzug schickt der menschliche Widerstand seinen eigenen, umprogrammierten Terminator in die Vergangenheit (...) Die größte Innovation des Films ist der zweite Cyborg: ein fortgeschrittenes Modell aus einer Flüssigmetall-Legierung, das sich durch bloße Berührung in jede beliebige Person verwandeln und metallene Fortsätze wachsen lassen kann, mit denen es seine Opfer aufspießt.« (Bril., *Variety*)

»Eine ultrabrutale Bibelgeschichte? Aber das ist nur eine der zahlreichen, mitunter widersprüchlichen Zielrichtungen des Films. *T2* ist auch ein Macho-Film, der sich über das männliche Ego lustig macht: Der Film glaubt, daß der einzig gute Mann ein Maschinenmann ist. Und er führt seine fabelhafte Filmtechnologie vor, während er gleichzeitig vorhersagt, daß die Welt vernichtet werden könnte, wenn die militärische Technologie – das SDI-Programm, das hier unter dem Namen Skynet läuft – einmal Amok laufen sollte. Ein *Krieg der Sterne*-Film gegen den Krieg der Sterne.«

(Richard Corliss, *Time*)

19. Last Action Hero (Last Action Hero)
USA 1993

Regie John McTiernan *Produktion* Steve Roth, John McTiernan *Drehbuch* Shane Black, David Arnott *Nach einer Idee von* Zak Penn und Adam Leff *Co-Produzenten* Robert E. Relyea, Neal Nordlinger *Ausführender Produzent* ARNOLD SCHWARZENEGGER *Kamera* Dean Semler, A.C.S. *Produktionsdesign* Eugenio Zanetti *Schnitt* John Wright, A.C.E. *Berater für visuelle Effekte* Richard Greenberg *Musik* Michael Kamen *Kostümdesign* Gloria Gresham *Besetzung* Jane Jenkins, C.S.A., Janet Hirshenson, C.S.A. *Visuelle Effekte* Sony Pictures Imagework, R/Greenberg Associates West, Boss Film Studio, Fantasy II, Visual Concepts Engineering, The Bear Animation Company *Zusätzliche visuelle Effekte* Industrial Light and Magic (A Division of Lucas Digital, Inc.), Computer Film Company, Composite Image Systems, Image G

Darsteller ARNOLD SCHWARZENEGGER (Jack Slater), F. Murray Abraham (John Practice), Art Carney (Frank), Charles Dance (Benedict), Frank McRae (Dekker), Tom Noonan (Ripper), Robert Prosky (Nick), Anthony Quinn (Vivaldi), Mercedes Ruehl (Dannys Mutter), Austin O'Brien (Danny), Sir Ian McKellen (Der Tod), Joan Plowright (Lehrerin), Bridgette Wilson (Whitney/Meredith), Keith Barish, James Belushi, Chevy Chase, Chris Connnelly, Karen Duffy, Larry Ferguson, Leeza Gibbons, Hammer, Little Richard, Robert Patrick, Maria Shriver, Sharon Stone, Jean-Claude Van Damme, Melvin Van Peebles, Damon Wayans (Cameos/Gastauftritte)
Laufzeit 136 Minuten
Deutsche Erstaufführung 7. Oktober 1993
Verleih Columbia-Tristar

Los Angeles. Super-Cop Jack Slater löst ohne Wimpernzucken die gefährlichsten Fälle im Alleingang. Das allerdings verleitet seinen cholerischen Vorgesetzten Dekker regelmäßig zu lautstarken Wutausbrüchen. Slater jedoch scheint gegen blaue Bohnen, scharfe Klingen, crashende Autos, gegen einfach alles, was seinem Leben ein Ende setzen könnte, immun zu sein. Aber diesmal scheint Slater tatsächlich in Schwierigkeiten zu sein. Auf dem Dach einer Schule hält der grausame Ripper eine Gruppe von Schülern gefangen. Nachdem Slater durch den Ring von Polizeiwagen, der das Gebäude umschließt, zu Ripper vorgedrungen ist, droht dieser, nicht nur Slater selbst zu ermorden, sondern auch dessen Sohn, der sich ebenfalls in der Gewalt des Verbrechers befindet. Slater läßt sich nicht aus der Ruhe bringen, fixiert konzentriert sein Gegenüber und streckt ihn mit einer Kugel nieder. New York. Im Zuschauerraum eines großen Kinos sitzt mit weitaufgerissenen Augen der 11jährige Danny und verfolgt gebannt jeden Schritt Slaters. Für Danny, der ohne Vater aufwachsen muß, ist Slater der größte Kinoheld aller Zeiten, Idol und Vorbild zugleich, und Danny hat noch keinen Film mit ihm versäumt. Dannys Mutter hat für soviel Heldenverehrung wenig Verständnis und verbietet ihrem Sohn deshalb vorerst jeden weiteren Kinobesuch. Aber noch am selben Abend schleicht sich Danny heimlich aus der Wohnung und geht in sein Stammkino Pandora, um sich dort Jack Slaters neuen Actionfilm anzusehen. Der alte Filmvorführer Nick hat ihn eingeladen, sich die Testvorführung für die Premiere am folgenden Tag anzusehen. Nick hält an diesem Abend noch eine weitere Überraschung für Danny bereit: Er schenkt seinem jungen Freund ein magisches Kinoticket, das er selbst vor langer Zeit von dem großen Zauberer Houdini erhalten hat. Kaum sind die ersten Minuten des neuen Jack-Slater-Films vergangen, beginnt der Zauber des magischen Tickets zu wirken: Während einer heißen Auto-Verfolgungsjagd wird Danny plötzlich in die Filmhandlung katapultiert und landet auf dem Rücksitz von Slaters Cabriolet. Slater ist über seinen blinden Passagier alles andere als erfreut, aber Danny, anfangs noch etwas verwirrt, faßt sich schnell und begleitet seinen Helden zur Polizeiwache. Dort verblüfft er die Anwesenden durch detaillierte Informationen zum aktuellen Fall, den er aufgrund der ersten Minuten des Films, die er ja noch aus dem Zuschauerraum heraus verfolgt hatte, besser zu kennen scheint als jeder der Polizisten. So weiß er zum Beispiel, daß der Gangster Vivaldi plant, Slaters Cousin Frank umzubringen, weil der ihm ein Drogengeschäft durchkreuzt hat. Etwas ungläubig macht sich Slater dennoch mit Danny auf dem Weg zu Franks Haus – und kommt zu spät. Frank kann ihn gerade noch vor der Bombe warnen, die jede Sekunde zu explodieren droht, so daß sich Slater im letzten Moment mit einem spektakulären Sprung ins Freie retten kann. Daraufhin führt Danny Slater zum Anwesen Vivaldis. Dort machen sie die

In ›Last Action Hero‹ gibt es auch immer was zu lachen: »Haben Sie den Elefanten da gesehen?«

Bekanntschaft von Vivaldis furchteinflößendem Leibwächter Benedict. Für Danny ist das alles noch ein Riesenspaß, denn schließlich ist alles ja nur ein Film; doch jedesmal, wenn er Slater auf diesen Umstand hinweist, reagiert dieser irritiert und ungehalten, was Danny aber nicht daran hindert, »seinen« Actionfilm in vollen Zügen zu genießen. Danny und sein Idol entwickeln sich zu einem unschlagbaren Gespann und heften sich ihren skrupellosen Widersachern an die Fersen. Gerade als Slater und Danny im Begriff sind, Benedict festzunehmen, entkommt dieser mittels des magischen Kinotickets, das Danny verloren hat, aus der Filmhandlung in das wirkliche Leben. Danny und Slater gelingt es, ihm in seinem Sog nach New York zu folgen. Dort will sich Benedict rächen, indem er ehemalige Gegner von Slater aus der Filmwelt in die Realität bringt. Im Pandora Kino, bei der Premiere des Films »Jack Slater IV«,

So sah man ihn am liebsten, so sieht man ihn in ›Last Action Hero‹, so wird man ihn wiedersehen (oder nicht?)

inmitten der »wirklichen« Schauspieler des neuen Films, darunter auch Arnold Schwarzenegger in Begleitung seiner Frau Maria Shriver, kommt es zu einer Neuauflage der Begegnung zwischen Ripper und Slater, die Jack wieder für sich entscheiden kann. Auch aus der finalen Begegnung mit Benedict geht Jack als Sieger hervor – allerdings schwer verletzt. Er ist nur noch dadurch zu retten, daß er schnellstmöglich in die Filmwelt zurückgebracht wird. Dafür sorgt der mutige Danny, der auf diese Weise seinem Idol das Leben retten kann, um seinen großen Freund bald wieder dort bewundern zu können, wo er hingehört: auf der großen Leinwand.

II. Fernsehen

1. Happy Anniversary and Goodbye
USA 1974

Regie Jack Donohue *Produktion* Gary Morton *Drehbuch* Arnie Rosen, Arthur Julian *Musik* Nelson Riddle

Darsteller Lucille Ball (Norma Michaels), Art Carney (Malcolm Michaels), Nanette Fabray (Fay Lucas), Peter Marshall (Greg Carter), Don Porter (Ed Murphy), ARNOLD SCHWARZENEGGER (Rico), Rhodes Reason (Doug), Louisa Moritz (Terry), Doria Cook (Linda)

Laufzeit 60 Minuten (Einschl. Werbung)

Erstausstrahlung 19. November 1974 (CBS)

2. The Streets of San Francisco: Dead Lift
USA 1977

Darsteller Karl Malden (Lt. Mike Stone), Richard Hatch (Detective Robbins), ARNOLD SCHWARZENEGGER, Diana Muldaur, Barry Cahill, Bert Freed, Larry Mahan, Hilary Thompson

Laufzeit 60 Minuten (Einschl. Werbung)

Erstausstrahlung 5. Mai 1977 (ABC)

3. The Jayne Mansfield Story
USA 1980

Regie Dick Lowry *Produktion* Alan Landsberg Productions (Linda Otto, Joan Barnett) *Ausführender Produzent* Tom Kuhn *Beteiligter Produzent* Gary Credle *Drehbuch* Charles Dennis, Nancy Gayle *Adaptation* Stephen Karpf, Elinor Karpf. Nach dem Buch »Jayne Mansfield and the American Fifties« von Martha Saxton *Kamera* Paul Lohmann (Farbe) *Schnitt* Corky Ehlers *Art Direction* Elayne Ceder *Sets* Ethel Robins Richards *Kostüme* Warden Neil *Make-Up* Alan Friedman, Lona Mardock Jeffers *Musik* Jimmie Haskell *Ton* Keith A. Wester

Darsteller Loni Anderson (Jayne Mansfield), ARNOLD SCHWARZENEGGER (Mickey Hargitay), Ray Buktenica (Bob Garrett), Kathleen Lloyd (Carol Sue Peters), G.D. Spradlin (Gerald Conway), Dave Shelley (Barry Charles), Laura Jacoby (Jayne Marie mit 6), Whitney Rydbeck (Photographin), John Medici (Bud Leland), Lewis Arquette (PR-Agent), James Jeter (Mann), Janice Kent (Autorin), Lynn Seibel (Besetzungsagentin), Gwen van Dam

(Vivian), Joan Welles (Sheila), Buck Young (Redakteur), David Stafford (Fahrer), Kathy Beaudine (Sekretärin im Besetzungsbüro), Nora Boland (Fan), Cynthia Szigeti (Mädchen am Popcorn-Stand), Lawrence Bame/Charles Parks/Len Lawson/J.P. Bumstead (Reporter), Elizabeth A. Gardner (Fan in der Seitenstraße), Frank Holmgren/William Ward (Photographen), Robb Madrid (Wache)
Laufzeit 104 Minuten
Erstausstrahlung 29. Oktober 1980 (CBS)

4. Tales from the Crypt: The Switch
USA 1990
Regie ARNOLD SCHWARZENEGGER *Produktion* Tales from the Crypt Productions (William Teitler) *Ausführende Produzenten* Richard Donner, David Giler, Walter Hill, Robert Zemeckis, Joel Silver *Drehbuch* Richard Tuggle, Michael Taav. Nach den EC-Comics von William M. Gaines *Kamera* Jost Vacano (Farbe) *Production Design* Steve Wolff, Virginia Lee Randolph *Art Direction* Marc Fusuchella *Creature-Effekte* Kevin T. Yagher *Musik* Jay Ferguson *Tonschnitt* Steve Nelson
Darsteller William Hickey (Millionär), Kelly Preston (hübsche Frau), Rick Rossovich (junger Mann), Ian Abercrombie, J. Patrick McNamara, Renata Scott, Tish Smiley, Christopher Lawford, Mark Pellegrino, Kendall McCarthy, Spiro Razátos, Bill Lucas, Ted Barba
Laufzeit Ca. 30 Minuten (Einschl. Werbung)
Erstausstrahlung 21. April 1990 (HBO)
Anmerkung Die beiden anderen Teile dieser Anthologie wurden von Walter Hill (»Cutting Cards«) und Howard Deutsch (»Dead Right«) inszeniert.

5. Christmas in Connecticut
USA 1992
Regie ARNOLD SCHWARZENEGGER

Anmerkungen

[1] Joan Goodman: Arnold Schwarzenegger. In *Playboy*, Vol. 35, No. 1, Januar 1988

[2] Arnold Schwarzenegger/Douglas Kent Hall: *Karriere eines Bodybuilders.* München 1984. S. 16 f.

[3] Playboy, a.a.O.

[4] Playboy, a.a.O.

[5] Schwarzenegger/Hall, a.a.O., S. 11

[6] Wendy Leigh: *Arnold. An Unauthorized Biography.* Chicago 1990. S. 26

[7] Schwarzenegger/Hall, a.a.O., S. 40

[8] Leigh, a.a.O., S. 57

[9] Schwarzenegger/Hall, a.a.O., S. 63

[10] Schwarzenegger/Hall, a.a.O., S. 91

[11] Schwarzenegger/Hall, a.a.O., S. 105

[12] Schwarzenegger/Hall, a.a.O., S. 123 f.

[13] Schwarzenegger/Hall, a.a.O., S. 118

[14] Schwarzenegger/Hall, a.a.O., S. 125

[15] Ed Naha: Conan the Barbarian. In *Starlog* Nr. 59, Juni 1982, S. 18

[16] Naha, a.a.O., S. 19

[17] Naha, a.a.O., S. 21

[18] Helmut W. Banz in: *Die Zeit*

[19] Georg Seeßlen: Die neuen Barbaren. In: *Liebe, Tod und Abenteuer.* Frankfurt/M./Berlin 1988. S. 19 f.

[20] Playboy, a.a.O.

[21] Brian Lowry: Richard Fleischer. Directing Conan the Destroyer. In *Starlog* Nr. 85, August 1984, S. 20

[22] Helmut Sorge: »Laßt mich weiterträumen«. In *Der Spiegel* Nr. 23/1991, S. 256 f.

[23] Ursprünglich sollte das Drehbuch eine Reihe von humorig gemeinten Kulturschock-Szenen enthalten, in denen der Terminator im Fernsehen einen Werbespot für Bier zu Gesicht bekommt und sich hernach sinnlos betrinkt; angesichts von *Conan the Destroyer* wäre der Schaden einer solchen Vermenschlichung nicht auszumalen gewesen.

[24] Leigh, a.a.O., S. 227 f.

[25] Playboy, a.a.O.

[26] Eva Windmöller: Arnold ist das Beste, was den Kennedys passieren konnte. In *Der Stern* Nr. 19/86, S. 151

[27] Leigh, a.a.O., S. 251

[28] Aus dem deutschen Presseheft zu *Der City-Hai*

[29] Edward Gross: Racing with the Running Man. In *Starlog*, Nr. 125, Dezember 1987, S. 36

[30] Kim Howard Johnson: Arnold Schwarzenegger. The Very Model of a Modern Movie Gladiator. In *Starlog* Nr. 126, Januar 1988, S. 41

[31] Dies allerdings nur nach absoluten Zahlen. Rechnet man die Inflation mit ein, ist der mit Abstand teuerste Film nach wie vor *Cleopatra*, der nach heutiger Kaufkraft ungefähr 190 Millionen Dollar kosten würde.

[32] Hans Joachim Alpers/Werner Fuchs/Ronald M. Hahn/Wolfgang Jeschke: *Lexikon der Science Fiction Literatur*. München 1987. S. 379

[33] Nancy Griffin: Mars Needs Arnold. In *Premiere*, Vol. 3, No. 10, Juni 1990

[34] Schwarzenegger/Hall, a.a.O., S. 181

[35] Sorge, a.a.O., S. 266

Bibliographie

I. Bücher

Wendy Leigh: Arnold. An Unauthorized Biography. Chicago 1990
Arnold Schwarzenegger/Douglas Kent Hall: Karriere eines Bodybuilders. München 1984

II. Zeitschriften

Teresa Carpenter. The Self-Made Man. In *Premiere*, Vol. 2, No. 5, Januar 1989

Nancy Collins: Pumping Arnold. In *Rolling Stone* vom 17. Januar 1985

James Delson: Penthouse Interview. Arnold Schwarzenegger. In *Penthouse*, Dezember 1981

Fred Glass: Totally Recalling Arnold. Sex and Violence in the Bad New Future. In *Film Quarterly*, Vol. 44, No. 1, Herbst 1990

Joan Goodman: Arnold Schwarzenegger. In *Playboy*, Vol. 35, No. 1, Januar 1988

Nancy Griffin: Mars Needs Arnold. In *Premiere*, Vol. 3, No. 10, Juni 1990

Michael Leahy: Arnie Flexes His Muscles Behind the TV Camera. In *TV Guide*, Vol. 38, No. 16 vom 21. April 1990

Jonathan Roberts: Arnold Schwarzenegger. In *Interview*, Vol. 15, Oktober 1985

o.A.: Arnold Schwarzenegger. In *Current Biography* April 1979

Register